# Koken voor Napoleon

6 kooklessen onder auspiciën
van de Academie Waterland
opgericht september 1986
te Broek in Waterland

Anne Scheepmaker

BEVER

Uitgeverij BZZTôH
's-Gravenhage, 1989

Foto omslag: Rico D'Rozario
Ontwerp omslag: Julie Bergen
Taart omslag: C. Holtkamp
Zetwerk: No lo sé prod.
Drukwerk: Krips Repro, Meppel
Bindwerk: Pfaff, Woerden

ISBN 90 6291 436 5

CIP-GEGEVENS KONINKLIJKE BIBLIOTHEEK, DEN HAAG

Scheepmaker, Anne

Koken voor Napoleon / Anne Scheepmaker. - 's-Gravenhage : BZZTôH
ISBN 90-6291-436-5
SISO 629.2 UDC 641.5(083.1) NUGI 421
Trefw.: kookboeken.

# Inhoud

# Inleiding

# Eten: Sex van de jaren tachtig

Bij de presentatie van zijn boek *Eten is weten* meldde de bioloog Midas Dekkers dat sex tegenwoordig vervangen is door eten. Lopend door Amsterdam constateerde hij dat de roodverlichte bordelen van weleer nu schaars verlichte restaurants zijn geworden en dat in de vroegere pornowinkels tegenwoordig croissanterieën zijn gevestigd.
Stonden tien jaar geleden de planken in de boekwinkels vol met sexboeken waarin je honderden verschillende standjes kon opzoeken, nu zijn die planken gevuld met kookboeken met recepten van exotische gerechten waar je nooit aan toe zult komen.
Eten is in de mode en over het 'lijnen' werd nog nooit zoveel gepraat en geschreven als tegenwoordig.
In de jaren vijftig was eten net zoiets als tanden poetsen en voeten vegen. Eten was iets dat je deed zonder er bij na te denken en ook zonder er van te genieten. Je at je bord leeg (o wee, W.O. II) en als het tafelkleed vies was geworden werd het halverwege de week gewoon omgedraaid. Nederland at op woensdag gehakt en bestudeerde de achterkant van het borduurwerk. Vroeger las je in interviews wat deze of gene van een boek of film vond, tegenwoordig wordt ook de culinaire voorkeur genoteerd en voor de eeuwigheid bewaard. Heel wat tijdschriften en kranten besteden, al dan niet ironisch, aandacht aan de combinatie 'beroemd' en 'eten'. Enige jaren geleden was de grote vraag nog: 'Wie doet het met wie?' Nu verkneukelen we ons over de vraag 'Wie eet wat?'
Niet alleen in Privé of Story, ook in serieuze dag- en weekbladen komen we foto's tegen van premières, vernissages, boekpresentaties, prijsuitreikingen en parties met happende en drinkende bekende Nederlanders. En nooit eerder ver-

schenen er op de Nederlandse televisie zoveel koks die 'het' voordoen.
Ook uit de vele biografieën die de laatste tijd zijn verschenen kom je allerlei dingen te weten die deze curieuze culinaire nieuwsgierigheid bevredigen.
Zo hield, volgens Richard Ellman, Oscar Wilde van een Hollands advocaatje en aten Jean-Paul Sartre en Simone de Beauvoir, volgens Annie Cohen Solal, in een hotel in de Elzas zuurkool met bloedworst en kastanjes.
Sommige mensen zijn geïnteresseerd in het lievelingseten van Henny Huisman of Pieter van Vollenhoven, anderen raken in grote opwinding bij de voorkeuren van Adriaan van Dis of Sarah Bernhardt. Het is een kwestie van smaak.

Na *Koken voor ongeoefende heren*, *Koken voor snelle dames* en *Koken voor kinderen* volgde aan de Academie Waterland een serie van zes colleges met de titel 'Literair-cultuurhistorisch koken'. Zes avonden werd een menu van drie gangen gekookt en gegeten dat werd samengesteld uit het lievelingseten van beroemdheden als Maarten 't Hart, Alexandre Dumas, Curnonsky, Gioacchino Rossini, Catharina de Medici, Lady Di en vele anderen. Zoveel mogelijk werd gebruik gemaakt van originele recepten, van 2000 voor Christus tot en met 1988. Soms werd ook bij een culinaire voorkeur een passend recept gemaakt. Na de bereiding werd het eten geproefd en werden de bijgeleverde serieuze en leerzame informatie, de anekdotes en de roddelpraat doorgenomen.
Die avonden hadden een tweeledig doel: in de eerste plaats werd er eens wat anders gekookt en gegeten. In de tweede, maar zeker niet de laatste plaats spoorden deze maaltijden iedereen aan tot het lezen van mooie boeken, het bezoeken van musea en theaters. Ik hoop dat voor de lezers van dit boek hetzelfde geldt.
In dit boek zijn de menu's en de bijbehorende 'cultuur-historische' gegevens nog eens aangevuld met vele extra recepten, die het mogelijk maken de menu's op vele manieren te variëren.

# Hoofdstuk 1

# Nederlandse schrijvers

## kwarteleitjes, apegatjes en bonbons op brood

Schrijven Nederlandse schrijvers over eten?
Zijn er Nederlandse schrijvers die recepten hebben gemaakt? Het antwoord op beide vragen is 'ja'. Maar ik vermoed, en echt bewijzen kan ik het niet, dat er bijvoorbeeld in Russische en Franse romans vaker vermeld wordt wát er gegeten wordt dan in Nederlandse. Er is een aantal kookboeken verkrijgbaar van Nederlandse schrijvers o.a. van Beb Vuyk, J.W.F. Werumeus Buning, Louis Paul Boon en Marjan Berk (samen met Jeroen Krabbé). Philip Mechanicus, fotograaf en culinair columnist, schreef een aantal boeken over eten met anekdotes en recepten. In zijn boekje *Wat eet je het liefst* komen we de schrijvers Cees Nooteboom en Gerard van het Reve tegen:

'Door de in alle opzichten welvoorziene scribent C.N. werd ik hier even aan herinnerd. Ik sprak hem een uurtje voordat hij het zou gaan verorberen en het bestaat uit twee kwarteleitjes gewikkeld in de beste zalm en bestrooid met een los handje kaviaar. Van een eenvoudig houten tafeltje gegeten zou dat mij het lekkerst lijken.'

Over een gebeurtenis waarbij Gerard van het Reve de hoofdrol speelde en die alweer lang geleden in Greonterp, Friesland, plaats vond schrijft hij:

'"Een kaasboterhammetje, jongens?" vroeg (toen nog) Gerard Kornelis vriendelijk. "Nou graag mijnheer". Zelfs in het bepaald nederige stulpje was de buiten heersende winter te voelen en de halve liter slaolie die in de pan ging verspreidde dan ook weldra aangename warme dampen. Twee boterhammen werden gebakken en ertussen ging een dik stuk beste boerenkaas.
Dat was smakelijk! Met een glaasje oude Bokma uit het vriesvak ging het er best in. "Nog een kaasboterhammetje?" Weer een soepkom olie en nog een Bokma'tje. Toen weer op weg door de bevroren weilanden naar de

vijf kilometer verderop gelegen bushalte. Plotseling echter kreeg de olie er zin in de haar opgelegde taak te vervullen. Een met saamgeknepen billen uitgevoerde stugge sprint was noodzakelijk om te verhinderen dat de witte wereld zou worden verontreinigd. Dan was het niet ondenkbaar dat wij voor eeuwig aan de Friesche laagvlakte vastgevroren zouden raken.'

In *Op weg naar het einde* (1963) van G.K. van het Reve komen we Cees Nooteboom als 'het doodzieke aapje N.' tegen. Zowel Nooteboom als Van het Reve nemen in Edinburgh deel aan een 'International Writers Conference'. G.K. van het Reve beschrijft hoe landgenoot G., Gerard van het Reve, N(ooteboom) en M. in de stad gaan eten:

'Aldus belanden wij in een nogal bekakt restaurant, veel te duur in verhouding tot de kwaliteit van het gebodene, met enorm veel voorsnijderij, warmhouderij, wijngieterij uit korfje, vragen of het gesmaakt heeft, etc. Alleen de kok, met muts, die een praatje komt maken, ontbreekt nog. Ik word al beroerd van een restaurant in het algemeen, omdat mijn overtuiging eist dat de mens in het geheim, alleen, bij voorkeur achter een juten gordijn gezeten, zijn voedsel tot zich neemt, dat bovendien nog van de allereenvoudigste soort dient te zijn, met volop rauwe wortel, gekookt paardehart en rauwe koolraap, alles zo mogelijk genuttigd van vetdicht pakpapier op een onderlaag van koeranten. Eten in het bijzijn van tientallen andere, en nog wel onbekende, mensen, vind ik heel wat ontuchtiger dan in hun bijzijn de geslachtsdaad uitvoeren. En zich voor geld aan tafel te laten bedienen door iemand die men niet kent en die je waarschijnlijk haat, dat is volstrekt zondig, en kan nooit worden goedgepraat. Maar er zijn heel wat mensen, die er anders over denken. Kennelijk deelt geen van mijn drie tafelgenoten mijn overtuiging.'

Van het Reve ergert zich aan Cees Nooteboom wiens enige contacten met de schepping spijs en drank schijnen te zijn:

'De juiste leeftijd waarop kreeften moeten worden geslacht, of ze snel, langzaam, kort, lang, in zout, half zout of flauw water moeten worden gekookt, Griekse gerechten van schapenvlees die in het zuiden wel, maar in het noorden niet, buiten Griekenland soms, als die en die voorwaarden vervuld worden misschien, God legge het uit, maar helaas slechts zelden op de juiste wijze, worden toebereid; dat claret wel gechambreerd, maar toch een stuk koeler dan bijvoorbeeld beaujolais moet worden geserveerd, etc. Er komt geen eind aan. Van wat hij besteld heeft, deugt natuurlijk niets: de rosé is te warm, de schilpadsoep is "bedorven", van de gerookte forel laat hij vier vijfde op zijn bord liggen, bewerend dat er "geen smaak aan is" en ook van het hoofdgerecht, ik ben vergeten wat, laat hij twee derden onaangeroerd. "Zonder twijfel zoon van een steuntrekker" bedenk ik opeens. Daarbij praat hij over vrouwen op dezelfde toon als waarop hij het over patrijzen met truffels, of haas in wijnsaus heeft.'

De in Parijs woonachtige Willem Frederik Hermans schreef onder het pseudoniem Age Bijkaart columns in het Parool, waaruit later het boek *Boze brieven van Bijkaart* werd samengesteld.
Wat vindt Hermans van Nederlandse restaurants?

'Als je in Nederland een restaurant binnenkomt, word je aangekeken met een schijnheilig gezicht dat zegt: – Wat kom jij hier doen? Jij krijgt thuis niet genoeg boterhammetjes, hè? Wacht, we zullen je even helpen!
In Nederland heeft het voedsel in het ene restaurant een vieze bijsmaak die het ook in alle andere restaurants heeft en verder nergens.
Dat komt doordat het wordt klaargemaakt met hotelboter. De koffie wordt gezet van hotelmelange.
Hotelaardappelen, hotelwijn, hoteljenever, hotelsperziebonen, hoteldoperwtjes en hotelvlees – kortom er moet wel een nationaal vertakte hotelknoeiorganisatie bestaan, die het hele Nederlandse hotelwezen met hotelsurrogaten bevoorraadt. Er mag ook paardevlees door de nassiballen worden gedaan, zonder dat 't erbij vermeld moet worden. Allemaal om de mensen te straffen die thuis niet genoeg chocoladehagelslag op hun bord krijgen.
De kok heeft de pest in, de kelners, moedeloos en moe, staan naar hun AOW te verlangen.'

Zijn voorkeur gaat uit naar Franse restaurants:

'Franse restaurateurs en hun personeel weten dat er kampioensprestaties worden verwacht. Dat is de reden van hun bestaan. Net als toneelvoorstellingen en films, worden restaurants in de kranten gerecenseerd. En geprezen of gekraakt.
De neerdrukkende geest van bedrog, afzetterij en verveling die in Nederlandse restaurants verspreid wordt, kun je hier vermijden door de juiste adressen te bezoeken. Geen Franse kok zal het in zijn hoofd halen overal paprika en ananas doorheen te woelen om het onaantrekkelijke aroma van de grondstoffen te bestrijden en het resultaat van zijn niet-kunnen te laten rondbrengen door een ongeschoren ontsnapte uit de Mesdagkliniek.'

In zijn Parool-column van 5 oktober 1974 schrijft Hermans over Cees Nooteboom:

'Aan de meeste Nederlandse schrijvers bewaar ik geen aangename herinneringen, ja, hoofdzakelijk zeer slechte.
C. vormt daarop een uitzondering. Hij was vriendelijk van aard. Hij had iets onbeschermds en soms droevigs over zich. Toch kon hij vrolijk en onderhoudend vertellen.

Hij was royaal, zwierig en het tegendeel van de vaderlandse kleinkunstenaar. Niet die zogenaamd ironische praatjes van "Ik ben een kruidenier en een kleinkunstenaar", en ondertussen inderdaad de grootst mogelijke kruidenier en kleinkunstenaar zijn die ooit op de prullefiesie vertoond is. Hij praatte zo niet en wat hem een nog minder algemene verschijning maakte, hij was ook geen kruidenier. Echt een aardige man.'

Enkele zinnen later schrijft Bijkaart-Hermans over C. het volgende:

'Met de atmosfeer van dure reizen, dure kleren, antiloopledereren bagage en duur eten die de stukjesschrijver om zich heen had, bevatten vooral de beschouwingen over straatarme ontwikkelingslanden waar hij dan een of twee dagen bleef om er warm bier, verschaald spuitwater en bedorven blikgroente tot zich te nemen en ontwapenend verslag te doen van zijn verbazing, heel wat impliciete waarheid over de situatie van de goeddoorvoede westerling in een wereld waar 50% van de mensen groen en geel ziet van de honger. Zulke stukjes, waarin de progressieve denkbeelden niet proberen de antiloopledereren bagage aan het oog te onttrekken, zijn tenslotte minder beschamend om te lezen dan al die opbouwende preadviezen van sociologen, antropologen, economisten, marxisten en leninisten die met een studiebeurs vol dollars maandenlang op pad gaan en dan precies weten te vertellen hoe het allemaal mot.'

In het jaar 1947 verscheen de autobiografische roman *De avonden* van Gerard Reve, toen Simon van het Reve geheten:

'Zijn moeder riep hem voor het eten. Hij at werktuiglijk van de rode kool, aardappelen, bieten en de havermoutpap (...) Op tafel lag een briefje met de tekst: "Lieve Frits. Ik weet niet waar vader is. Ik ben naar Annetje. Vanavond kom ik om een uur of elf weer thuis. Er is erwtensoep en een stukje vlees mag je ook nemen. Bak maar aardappelen op met de uien. Dag. Moeder." (...)
Zijn moeder had de tafel gedekt en bracht het eten binnen. Ze aten rauwe veldsla, aardappelen, gebakken uien met jus, bruine bonen en griesmeelpap na. (...)
Hij kreeg honger, maakte zich in de keuken brood klaar en onderzocht de voorraad blikjes. Hij opende een zalmblik, at de inhoud met een lepel op en duwde het onder het afval in de vuilnisbak. Vervolgens at hij de helft van een hoeveelheid bruine bonen uit een schaal, nam drie plakken kaas uit de papieren winkelverpakking en kauwde ze langzaam op. Daarna zette hij een fles melk aan de mond en dronk zes diepe teugen. "Toch is dit geen maaltijd", dacht hij, nam een stuk vet, smolt het in de koekepan en doopte er brood in, dat hij, wegens de hitte lucht inzuigend tussen de tanden, met grote happen opat.'

In *Het literair eetboek* van John Müller en Berthe Meijer (een uitgave van de Bijenkorf) vertelt Berthe Meijer hoe Gerard Reve een eenvoudige sla bereidt:

'Eind 50-er jaren, begin 60-er jaren woonden we in hetzelfde huis in Amsterdam (boven een houthandel). (...) We leden in die tijd allemaal aan chronisch geldgebrek. Flink uitpakken met dure wijn en duur eten was er toen dus niet bij. Er werd wijn geschonken uit een jerrycan van 10 liter inhoud, en er was brood en een grote bak met sla. Ik stond erbij toen die sla gemaakt werd. Gerard was van mening dat ik van hem wel iets kon leren als het op zuinig inkopen van voedsel aankwam en daarin had hij geen ongelijk. Hij ging bij voorkeur tegen sluitingstijd naar de markt omdat de groente dan afgeprijsd was en kaas werd gekocht van een stuk dat in de voordeelaanbieding was. In deze sla ging dan ook gewone belegen goudse kaas en gewone kropsla. "Niks geen dure onzin voor dat kunstenaarsvolk," was zijn commentaar terwijl hij de blaadjes van 2 (het kunnen er ook 3 geweest zijn) kroppen sla in een glazen kom deed. Vervolgens snipperde hij een ui van een formaat, dat tussen groot en klein inzat. De stukjes ui werden over de sla gestrooid. Van het grote blok belegen Goudse kaas werd ongeveer de helft, dus 500 gram in kleine blokjes gesneden, die eveneens in de sla gingen. In een apart kommetje mengde de schrijver 3 eetlepels gewone slaolie, 1 eetlepel gewone azijn, 1/2 eetlepel gewone mosterd en wat peper en zout. Dat was de vinaigrette die over de sla ging. Er staat me iets bij van ook nog wat fijngeknipte bieslook, maar helemaal zeker weet ik dat niet meer. In elk geval was die sla bijzonder lekker.'

Langs de trap van dat zelfde huis heeft Gerard Reve ooit een zuinige verlichting aangelegd. Van beneden naar boven liep een draad met hier en daar een fietslampje. Nadat de verlichting was aangesloten moesten alle lampen en elektrische apparaten in huis worden uitgeschakeld. De fietslampjes gingen aan. Gerard Reve stond voor de elektriciteitsmeter en sprak tevreden: 'De meter is onmachtig het aan te geven!'

Zuinigheid, of niet kunnen of willen genieten. Maarten 't Hart weet er alles van. In een interview met Vrij Nederland (4-4-87) zegt hij:

'Eten moet een uur duren, daarna kan ik niet meer stil zitten. Thuis liet ik nooit iets op mijn bord liggen, ook al was het meestal niet lekker. Eten associeerde ik niet met genot of met bevrediging. Ik herinner me één moment dat ik van eten genoot. Dat was toen ik als klein jongetje met mijn vriendje bij de Maaskant kisten met winterpenen vond. Daar aten we weken van, heerlijk vond ik dat, en nog.'

In een paginagroot artikel in de NRC (22-8-1987) schrijft Maarten 't Hart onder de kop 'Een kwestie van vet – de slopende strijd tegen moorkop en apegat':

> 'Wel degelijk geldt: ieder pondje gaat door het mondje. Ik heb nog nooit een dikkerd ontmoet die niet van banketbakkersprodukten, van roomijs, van moorkoppen, van apegatjes (cakejes met roze glazuur) hield. Hoe dus mager te blijven? Met een mager iemand trouwen en de magere laten inkopen en koken.
> In het geval van Adriaan van Dis zou dat de oplossing zijn. De beste, en al jarenlang door mij toegepaste, manier om het verschijnsel "lekkere trek" de kop in te drukken is: zodra het zich voordoet een stevige winterwortel (rauw!) opeten. Van een winterwortel (een halve kan al genoeg zijn!) word je een beetje misselijk en misselijkheid is de allerbeste bestrijder van de "lekkere trek". (...) Inderdaad: het spreekwoord luidt: wie vrijt, slijt.
> Maar bedenk wel dat ook waar is wat mijn vader altijd zei: 'Maar wie vrijt met zin, wordt er dik tegen in.'

In een interview in de kleurenbijlage van Vrij Nederland (2 mei 1987) vertelt Adriaan van Dis hoe hij al twintig jaar aan het vermageren is: het brooddieet, urine prikken, de sherrykuur, drie weken alleen bananen eten. 'Ik rende als een aap door het huis. Alles is geprobeerd. En het werkt, alleen: de kilo's komen er zo weer aan'.
Commentaar van Maarten 't Hart: 'Ja, wat wil je. Adriaan van Dis is een bank die elke week beroofd wordt en waarbij, na elke volgende roof, het geld efficiënter wordt opgeborgen. Van Dis zal nog schatrijk eindigen. De treurige conclusie luidt: lijnen is de slechtste manier om overtollig lichaamsgewicht kwijt te raken. Het bevestigt het lichaam keer op keer in de veronderstelling dat al dat vet overlevingswaarde heeft. Want kijk maar – élke keer doemt weer zo'n periode van schaarste op. Weet je body veel dat er alleen maar gelijnd wordt.'

Nog geen jaar later meldt De Volkskrant op haar wetenschappelijke pagina:

> 'Atleten die herhaaldelijk gewicht verliezen en weer zwaarder worden, kunnen een langzamere stofwisseling krijgen, waardoor ze hun calorieën minder snel verbranden dan normaal, zo blijkt uit een nieuw onderzoek.

De bevindingen geven steun aan de theorie dat een zeer streng dieet de stofwisseling vertraagt, waardoor het gemakkelijker wordt om weer zwaarder te worden en moeilijker om in de toekomst af te vallen. (Journal of the American Medical Association)'

Een rampzalig bericht voor Adriaan van Dis, die in Vrij Nederland opbiechtte:

'Sinds ik bij de Weight Watchers ben, ben ik vijf kilo aangekomen. Ik kan niet schrijven zonder me vol te proppen. Ik ben net een jojo, dan weer dik, dan weer dun. Ik leef in haast, een broodje hier, een Bounty daar, een Milky Way, een kroketje. Ik raak alleen gedeprimeerd van veel eten als ik vermager en ik het toch niet doe. Als ik drie dagen fantastisch aan de lijn heb gedaan en ik bij de sigarenboer toch die Mekka koop en die in dertig seconden opvreet. Als kind snoepte ik al met genoegen. Pennywafels in de pauze op school. Veel stroopwafels. In die tijd waren wit-gele cakes met roze-glacee het summum. Die kreeg ik thuis niet.
Het allerheerlijkste dat er bestaat, is een bruine boterham met in plakjes gesneden bonbons uit de ijskast.'

Bonbons op brood, een typisch Hollandse delicatesse?
Zo zag Bob van Amerongen (Victor Poort in *De Avonden* van Simon van het Reve), toen hij eens bij de familie Romein ging lunchen, 'tante Annie' een doosje bonbons pakken; een zeldzame gebeurtenis. Zij pakte vier bonbons uit het doosje, sneed een bruine boterham in vieren en legde op elk stukje brood een bonbon.

Op de kunstpagina van Het Parool van 8 januari 1988 wordt uitgever Johan Polak ter gelegenheid van zijn ere-doctoraat door Matthijs van Nieuwkerk geïnterviewd:

'Een indrukwekkend grachtenpand. Johan Polak (58) heeft alleen tijdens de lunch nog even tijd. "Het is een hysterisch va et vient van pers, maar ik heb allen gewaarschuwd: u komt voor seniel geklets". Samen met zijn aangenomen zoon Rik, zit hij in het sousterrain aan de keukentafel. Een ware literaire lunch, want veel happen voorziet hij van een letterkundige voetnoot. "Zo ongelooflijk lekker die hagelslag. Einstein schreef ook in zijn brieven: >Ik kom graag in Holland, want ik vind die chocoladekorrels zo lekker.<"
En als hij met de precisie van een horlogemaker een marsepeinen aardbei in dunne plakjes snijdt en die vervolgens op een snee volkoren legt, smaalt hij: "Zalig, Adriaan van Dis is er ook zo gek op."'

Schilder-schrijver Jan Cremer beklaagt zich in de Volkskrant over de fantasieloosheid van de Nederlandse keuken.

'De doorsnee Hollander heeft geen respect voor cultuur, laat staan voor het eten. Gebukt onder vooroordelen ziet hij alles wat vanachter het ijzeren gordijn komt vol wantrouwen tegemoet. Of het nu zingt, danst of kookt. (...) Eten in Hongarije is altijd een feest. Als je daar wordt uitgenodigd staat de gastvrouw voor dag en dauw in de keuken, spaart kosten noch moeite en richt een ware feestmaaltijd aan die duurt tot het ochtendgloren. (...) Het grootste eerbetoon tegenover de gastvrouw is dat het doorgaat tot alle pannen en flessen leeg zijn. (...) Zelfs toen mijn moeder al lang in Holland woonde, kreeg zij nog wekelijks nieuwe recepten van mijn grootmoeder toegestuurd, door haar uit kranten geknipt of opgetekend uit de monden van andere kokkinnen, en wisselde zij die trouw uit met andere Hongaarsen in de fabrieksstad. (...) Een van mijn favoriete schotels is zo eenvoudig en goedkoop dat hij bijna nergens op de kaart staat. Ook het kleine restaurant dat onder in het kapitale pand van mijn Hongaarse uitgever is gevestigd, had het niet op de kaart. Toen ik daar de volgende dag weer kwam, overhandigde de jonge en knappe kelnerin mij een in 'n theedoek geknoopt pannetje. Ze had opgevangen dat ik terug zou komen, en haar moeder had thuis speciaal voor mij paprika's-krumpli gemaakt, omdat ik zo treffend de smaak beschreven had.'

*Cees Nooteboom en Remco Campert*

# MENU

KWARTELEITJES MET ZALM EN KAVIAAR
*Cees Nooteboom*

DIKBILBIEFSTUK
*Maarten 't Hart*

PAPRIKA'S KRUMPLI
*Jan Cremer*

SLA MET MAYONAISE UIT *GIFSLA*
*Jan Wolkers*

'GRAND DESSERT'
*Adriaan van Dis*

## KWARTELEITJES MET ZALM EN KAVIAAR *

*Cees Nooteboom*

*4 kwarteleitjes per persoon*
*1 royale plak gerookte zalm per persoon*
*veldsla*
*kaviaar*

Kook de kwarteleitjes 3 minuten. Spoel ze met koud water af en pel ze. Snijd de plakken zalm in dunne repen. Wikkel elk eitje in een reep zalm. Leg de eitjes op gewassen veldsla. Lepel wat kaviaar op elk eitje. Eet hier toast met boter bij.

Wat de kaviaar betreft zijn er vier mogelijkheden:

1. Koop een potje echte Russische kaviaar. 100 gram kost ongeveer fl. 195,–
2. Koop een potje (zwart) gekleurde viskuit, dat meestal uit Skandinavië afkomstig is. Kosten ongeveer fl. 4,50.
3. Idem, maar dan rood gekleurd.
4. Koop een potje 'zalmkaviaar'. Deze kaviaar, bestaat uit licht-rode parelgrote knapperige balletjes. Erg lekker. Prijs ongeveer fl. 10,–

## DIKBILBIEFSTUK

*Maarten 't Hart*

*4 dikbilbiefstukken van 200 gram per stuk*
*boter*
*zout*
*peper*

Dikbilvlees is afkomstig van speciaal gefokte koeien. Niet iedere slager heeft dit speciale, zeer malse, vlees in voorraad. Laat de biefstukken níet door de slager inkerven of plat slaan. De biefstukken moeten er mooi dik uitzien. Bak het vlees in hete boter op een hoog vuur. Het vlees moet snel dichtschroeien en een knapperig korstje krijgen. Bak het vlees naar smaak: rood, rose, maar liever niet doorbakken. Bestrooi het vlees na het bakken met zout en peper. Nooit voor het bakken het vlees zouten. Zout onttrekt namelijk vocht aan het vlees.

## PAPRIKA'S KRUMPLI
### *Jan Cremer*

*1 kilo aardappelen, die stevig blijven, bijv. bintjes*
*2 uien*
*4 paprika's, eventueel in verschillende kleuren*
*4 tomaten*
*paprikapoeder*
*zout*
*(zonnebloem)olie*

Aardappelen schillen, wassen en in stukken snijden. Uien pellen en in ringen snijden. Paprika's wassen, kapje eraf snijden, zaadlijsten eruit halen. Lijsten en pitjes weggooien. Enkele lepels olie in een pan verwarmen. Aardappelstukjes met wat zout en paprikapoeder in de olie doen. Laat de aardappel, met een deksel op de pan, tien minuten stoven. Doe dan de paprika's in de pan. Voeg eventueel wat water toe. Laat de paprika's 5 minuten meesudderen en doe dan de gepelde en in stukken gesneden tomaten in de pan. Na ongeveer 20 minuten zijn alle ingrediënten gaar en klaar.
Er bestaan twee soorten paprikapoeder: zoete en scherpe. Welke soort men gebruikt hangt van de eigen voorkeur af: moet het zacht van smaak zijn of juist een beetje heet.

## SLA MET MAYONAISE UIT *GIFSLA* *
### *Jan Wolkers*

*1 krop sla*
*3 eieren*
*zonnebloemolie*
*appelazijn*
*Franse mosterd*
*zout, peper*

Zó wordt in de roman *Gifsla* van Jan Wolkers mayonaise gemaakt:

'Tussen zijn vlezige dijen hield hij een grote witte schaal geklemd waarin drie eierdooiers zaten. Toen hij met de garde begon te kloppen gaf hij een teken aan Jeanne die naast hem stond met een fles zonnebloemolie in haar hand. Druppelsgewijs liet ze de olie in de struif lopen. (...)
"Eén ding is heel belangrijk en dat moet je goed onthouden, Jeanne, dat is gewoon het geheim van mayonaise maken. Dat de temperatuur van de eieren en de olie hetzelfde is," zei hij. "Je moet de eieren lang van tevoren uit de koelkast halen. En de smaak is natuurlijk het belangrijkste en de romigheid. Als je er een scheut van die azijn uit je supermarkt door zou doen is de hele zaak verpest. Grondig zelfs. Je zal zien dat ik er straks een klein beetje hele goeie Engelse appelazijn bij doe, een beetje witte peper, een weinigje zout en een niet al te overdadig dotje echte Franse mosterd. Je kan ook citroensap gebruiken, maar soms is een goeie azijn net iets smakelijker. Je mag nu wel wat royaler gaan schenken, kokje". (...)
"Kijk Jeanne, nou is het dik genoeg, zie je wel. Het is ook voldoende. Staak je gedruppel maar, meisje".
Hij stond op en zette de schaal op het aanrecht.
"Kom maar naast me staan en dan laat ik je zien hoe je het op smaak brengt. Zo'n scheutje azijn is voldoende, ik doe het altijd op gevoel. Niet meer dan een mespunt mosterd, maar van die goeie Franse. Onthoud het etiket. Vroeger maakten ze hier ook goeie mosterd, maar tegenwoordig is het van dat piccalillykleurige braaksel van een ouwe landschildpad.
Geef me de pepermolen eens aan. Een paar keer draaien is al genoeg. Een beetje zout. Nooit teveel. Je kan er altijd nog bij doen maar niet meer uithalen. Nu ga ik het erdoor roeren en dan gaan we proeven. Nooit een lepeltje dat in je mond geweest is weer in de mayonaise steken. Dan beperk je de houdbaarheid. Hier is een lepel voor in de mayonaise en dit zijn de proeflepeltjes. Hou maar op, hier heb je een verrukkelijk dotje".
Ze proefde aandachtig en zei toen, "Wat een zalige zalf is dat, Rob."'

## 'GRAND DESSERT'

*Adriaan van Dis*

Leg op een mooie schaal:

*Milky Way's*
*Mekkarepen*
*Pennywafels*
*stroopwafels*
*cake met roze glazuur*
*Bounty's*
*en bonbons uit de koelkast*

*Gerard van het Reve in Greonterp*

# EXTRA RECEPTEN EN CITATEN

## *Wim de Bie*

'Toen ik nog alleen was maakte ik van mijn eten niet veel werk hoewel iedereen op honderd meter afstand aan mij kan zien dat ik een liefhebber van eten ben. Maar ik heb het altijd iets zieligs gevonden om in de keuken van je bord een kunstwerk te maken en het dan de kamer binnen te dragen om het in je eentje op te eten. Nee er moet daar iemand klaar zitten die Ooooh en Aaaah roept. Dus het was vaak een paar aardappels in de pan donderen een pak spinazie en een hamburger ontdooien en klaar was Goos. (...)
Nu met Corrie erbij is alles anders. Zeker kwa eten. Alles wat zij maakt ziet er even fleurig uit en smaakt overheerlijk. Ja dat je over de bloemkool nootmuskaat doet wist ik ook wel. Maar de hele keukenkast staat nu vol met flesjes, blikjes en potjes en daar zit het geheim in van lekker eten. Scheutje van dit toefje van dat sausje zus garnerinkje zo. Nooit geweten dat er zoveel soorten azijn bestaan. Gisteren met de van Joop de Graaf geleende elektrische boor een gigantisch kruidenrek in de keuken opgehangen. Lukte!'

(Uit: 'De boekencorner van Goos Verhoef' – Vrij Nederland, 15-8-1987)

## *Cees Buddingh*

'De mensen die het meest aan eten denken zijn diegenen die zich hebben voorgenomen minder te eten.'

## *Louis Couperus*

'Wat ook in dit hotel is te roemen is... de rijsttafel, die er naast een Europese lunch naar keuze wordt gediend. En nu ben ik blij het een ogenblik te kunnen hebben over de Indische rijsttafel.
Er is in Indië een neiging het gehele leven te vereuropeanizeren. Deze neiging is gekomen uit Singapore, over Medan – de frisse planterstad, die eigenlijk weinig 'Indisch' is – en heeft zich in de laatste jaren zeer uitgebreid over Sumatra en Java. Onder deze vereuropeanizering behoort vooral de bijna algehele afschaffing van de rijsttafel. Was de rijsttafel vroeger algemeen het ge-ijkte lunch, in de laatste tien, vijftien jaren – wie is er mee begonnen?! – is het mode geworden op de rijsttafel neer te zien als onhygiënisch en 'Indisch'! In de hôtels te Sumatra krijgt ge dus op lunch-

tijd een noenmaal, dat dikwijls bestaat uit erwtensoep, 'hochepot' (sic), boeufbraisé, worst met boerenkool en kabinet-pudding. (...) Om niet Indisch te worden, niet te zwaar, niet te loom, niet te lui, schaft de Europeaan de gepimenteerde rijsttafel af en eist... een lunch, dat hij nergens in het vaderland krijgt, zo zwaar en winters, dat het hem smaken zou als hij een paar uur had schaatsen gereden. (...) En nu wilde ik dit alleen maar zeggen: dat ik deze afschaffing van de rijsttafel in de hôtels en in de meeste particuliere huizen een fout noem in de levenswijze en tégen het klimaat, die grote vijand van de Europeaan in Indië. De Europeaan heeft de rijsttafel, wil hij gezond blijven, beslist nodig, ik zou zeggen broodnodig, rijstnodig. De sterk gekruide toespijzen zijn, met mate en etenskunst genuttigd, niet anders dan nuttig voor digestie en anderszins; trouwens, de inboorling had ze anders ook niet uitgevonden. En wie zegt, dat hij de rijsttafel uit den boze vindt, wed ik – om een lief ding – kan de rijsttafel niet eten. Want er zijn vele Hollanders, al jaren lang in Indië, die de rijsttafel... niet eten kunnen. Zij zijn het, die stapelen rijst, groente- en vleesgerechten, sambals, ordeloos op hun bord en maken er een olla-prodida van. Rijsttafel te eten en te genieten is een kunst.'

(Een fragment uit het verhaal 'De kunst van rijsttafel eten', in de Haagsche Post van 25 maart 1922.)

### *Adriaan van Dis*

'Het lijkt wel of alles zich concentreert tussen mijn kauwspier en mijn huig. Als daar maar genoeg langs gaat is de ziel gerust.'

### *W.F. Hermans*

'Zij springt overeind, loopt naar het tafeltje en pakt de metalen schaal.
"Ken je dit?"
Zij slaat het servet terug en steekt de schotel naar mij uit.
"Het lijkt wel gerookte zalm."
Ja, daar lijkt het op, maar dat is het toch niet. Het is gravlachs.
Gravlachs! De lekkernij waar Nummedal het toen in Oslo ook al over had en die nergens te krijgen was!
Weet je wat gravlachs is? Het is een heel bijzondere specialiteit. Rauwe zalm, die eerst een tijdlang ergens begraven wordt en dan, ik weet niet hoeveel tijd later, weer opgegraven. Het heeft een heel geraffineerde smaak. Wil je het niet eens proberen?"'

(Uit: *Nooit meer slapen.* De Bezige Bij, 1966)

## GRAVLACHS

*1 stuk verse zalm van ongeveer 500 gram*
*3 eetlepels zeezout*
*3 eetlepels suiker*
*dille*
*aluminiumfolie*

Laat door de visman de graat uit de zalm halen.
Roer zout, suiker en dille door elkaar. Strooi dit mengsel tussen de twee helften en klap de zalm weer dicht. Pak de zalm stevig in aluminiumfolie. Leg dit pakket in een schaal minstens 48 uur in de koelkast. Draai het zalmpakket af en toe om. Verwijder na 48 uur al het vocht en schraap de dille voorzichtig van de zalm. Snijd met een scherp puntig mes het vel van de zalm. Snijd de gravlachs in dunne plakjes en geef er een mosterdsausje of zure room bij.

## *Marijke Höweler*

'Wat me zo aantrekt in het uiterlijk van taarten is dat er nooit gevraagd wordt of het wel kunst is. De taart is ontsnapt aan het boze oog van de recensent. Het is een van de weinige gebieden waarop je met blijheid mag knutselen en naar het resultaat mag kijken zonder het gevoel: kán dit eigenlijk wel.
Ook in van die witte huiskamers met maar één enge vaas heb ik immens ordinaire taarten gezien, in huizen met Bach op de achtergrond, Anton Heyboer aan de muur en Proust in de boekenkast. De taartkunst is aan de aandacht ontsnapt en een van de weinige overgebleven vormen van onbedorven kunst, waar je je primitieve smaak op kunt botvieren, je échte smaak.
De meest kitscherige taart vloekt niet tussen het pluche van Des Bouvrie.'

(Uit: NRC/Handelsblad, 1988)

## *Gerrit Komrij*

'Ja, ja, de Nederlandse kookkunst wordt volwassen. Nauwelijks zijn de restaurants afgestapt van hun cordon bleu, tournedos Rossini en raasdonders om, in plaats daarvan, de verhemeltes van hun klandizie te verrijken met zeebanketmousse, duinkonijnmousse en steltlopermousse, of ze eisen hun plaats al op in de artiestenhemel. De Vette Hap van eertijds heeft kapsones gekregen, en wil niet alleen delicaat en prijzig, maar ook uniek en individueel zijn'.

(Uit: NRC/Handelsblad, 6-1-1988)

ZEEBANKETMOUSSE

*600 gram visfilets, b.v. kabeljauw, schol, schelvis e.d.*
*2 eieren*
*2 1/2 dl slagroom*
*zout, versgemalen peper, peterselie of dille*

Controleer de visfilets op achtergebleven graten. Maal de filets fijn in een keukenmachine. Giet beetje bij beetje de slagroom er bij. Meng één voor één de eieren en tenslotte zout, peper, peterselie of dille door de vismassa. Smeer een cakevorm dun in met zonnebloemolie en giet hier de vismassa in. Dek de vorm af met aluminiumfolie. Zet de vorm in een met heet water gevulde bak in de voorverwarmde oven (175° C). Laat de vismousse in ongeveer 40 minuten gaar worden. Laat afkoelen en keer de vorm om op een bord of schaal. Versier met schijfjes citroen en veldsla.

## *Kees van Kooten*

'Exclusief de verbouwingskosten, begrootte de heer Broekhuis I onze keuken, inclusief de allermodernste Keuken-apparatuur, alles achter kersehouten panelen ingebouwd, op ACHTENVIJFTIGDUIZENDGULDEN. (...) Samen met mijn vrouw (haar keuken was het allang niet meer) boog ik mij over de offerte. We besloten hier en daar een kastje te schrappen om de prijs te drukken. Ook dat elektrisch fornuis kon goedkoper. En als we de nieuwe koelkast nu eens twintig liter kleiner namen? Wat had Broekhuis I hier trouwens geschreven?
"Plank voor leuke dingetjes" stond er, tweemaal. Dat kon dus ook weg. Eens zien wat dat alles bij elkaar zou schelen. (...)
De nieuwe offerte luidde, exclusief BTW, ACHTENVEERTIGDUIZENDGULDEN.
"Zullen we niet gewoon een keuken laten timmeren, door een knappe timmerman?" vroeg mijn vrouw angstig, "dat is toch gekkenwerk, een halve ton voor een keuken?"
"Je vergeet dat zo'n investering uiteindelijk weer naar ons toe komt schat-

je", beet ik slim, maar intussen bonkte het "kersehout, kersehout" in mijn bezeten hoofd.'

(Uit: *Modernisme*, fragment van het verhaal 'Unsere Traumküche')

## *Adriaan Morriën*

''s Avonds kook ik voor mezelf, eigenlijk elke dag. Het is leuk en ontspannend, bovendien ben ik een liefhebber van gewoon Nederlands eten: aardappelen met groente en vlees of vis. Een heel enkele keer, als ik geen zin heb, ga ik met een vriendin in de stad eten, maar het eerste het beste café in een zijstraat waar de zon nooit komt noemt zich tegenwoordig al petit-restaurant. Ik laat me niet meer verleiden tot die troep, verteer het niet. Ik wil mager, gezond eten, neem geen extra suiker en doe elke dag lichaamsoefeningen.
De avonden zijn plezierig om televisie te kijken of nog wat te lezen, want voor één uur, half twee ga ik niet naar bed.'

(Uit: Elsevier, 23-1-1988)

## *Lucebert*

'Niets is helemaal nieuw en al het oude is niet waardeloos. Daarom beschouw ik mijzelf als een conservatieve anarchist. Maar als u wilt, kunt u mij een links dichter noemen. Eigenlijk is onze hele generatie links, dat is ons met de paplepel ingegeven. Als jongetje van elf heb ik de Jordaanopstanden meegemaakt. Traumatisch is misschien een te sterk woord, maar die gebeurtenissen zijn mij wel bijgebleven. Evenals de armoede, de crisis en de steuntrekkers, die blikken tomatensoep kregen. Maar het werd niet gegeten. Tomaten zijn in Nederland pas na de oorlog in zwang gekomen, zij waren toen een exotisch gerecht. Bij ons thuis lustten ze het wel. Wij gingen de bonnen vragen en aten dagen tomatensoep. De blikken tomatensoep had de Nederlandse regering van de Italianen gekocht, maar toen Mussolini aan het Abessinië-avontuur begon en er voedsel nodig was voor de soldaten, kochten de Italianen de blikken weer terug. Zo absurd is de wereld.'

(Uit: Vrij Nederland, 29-1-1983)

### In Nederlandse hotels geeft Lucebert als beroep banketbakker op. In het buitenland schrijft hij op hotelfiches 'peintre' of 'artiste'.

'Als ik in Nederland dichter of schilder zet, dan denken ze: wat krijg ik daar voor een rare vogel op mijn dak. In Spanje en Frankrijk buigen ze diep voor je.'

(Uit: Interview van Tris Betlem. Avenue, september 1963)

## *Johan Polak*

'Eten speelt geen rol in mijn fantasie. Eigenlijk heb ik een kleinburgerlijke smaak. Het liefst eet ik zuurkool met spek, of rode kool met appeltjes. En het allerliefst boerenkool met worst.'

(Uit: Het Parool, 8-1-1988)

## APPELTAART *
## *Karel van het Reve*

'Lieve Anne,

Mijn appeltaart: 250 gram zelfrijzend bakmeel, pakje roomboter, 100 gram basterdsuiker, een losgeklopt ei, een geraspte citroenschil, snufje zout, 500 gram goudreinetten, paneermeel, kaneel. Geen rozijnen. Bloem en suiker in kom of pan mengen, boter langzaam smelten in koekepan, vermengen met die bloem en die suiker in die kom of pan. Van het geheel deeg kneden. Springvorm beboteren met papier van pakje boter, bodem en zijkanten met deeg bekleden (deel van deeg achterhouden voor latere repen). Deegbodem met paneermeel bestrooien. Appels schillen (daar kun je het beste mee beginnen, heb je de meeste ruimte voor nodig) en in schijfjes snijden. Helft van die schijfjes op deegbodem leggen en bestrooien met suiker en met ruim kaneel. Nieuwe laag schijfjes. Weer bestrooien met suiker en ruim kaneel. Van het achtergehouden deeg repen snijden na uitrolling. Netwerk over taart maken van die repen. Netwerk met ei bestrijken. Dan gaat het geheel in de oven met hitte en tijd zoals voorgeschreven in handleiding van oven. Ik zit dan meestal, op van de zenuwen, een uur lang voor die oven. Belangrijk aan mijn recept is, dat ik *minder suiker en minder boter* gebruik dan in de gewone recepten, *geen rozijnen* gebruik en *ruim kaneel*. Daarom is mijn appeltaart lekkerder dan andere appeltaart.'

1 december 1988 Karel

## *Beatrijs Ritsema*

'Zodra je iemand in het vizier krijgt die bekend staat als 'een origineel type' kun je maar beter onmiddellijk de straat oversteken of een portiek induiken. Zo niet, kun je er donder op zeggen dat hij je staande houdt en – vage kennis of niet – een ellenlang verhaal begint over zijn meest recente ondernemingen, of erger nog, over de potjes die hij op het vuur heeft staan. (...) Een origineel geeft nooit een recht toe recht aan feestje met als ingrediënten mensen, drank, muziek en hapjes – hij doet altijd iets bijzonders: de feestgangers moeten verkleed en gemaskerd komen, eerst moet er twee uur lang in kleine groepjes 'pandverbeuren' worden gespeeld, en dan moet iedere vrouw een lootje trekken met daarop de naam van een mannelijke aanwezige om met hem verplicht de eerste dans te doen. De muziek komt niet uit een pickup die bediend wordt door wie er maar zin heeft te grasduinen in de platencollectie, maar wordt verzorgd door een ensemble kamermuzikanten, gespecialiseerd in de achttiende eeuw. Er zijn geen chips en stukjes kaas, want de gastheer heeft zich de hele middag uitgesloofd in de keuken op enorme hoeveelheden bloedworst in honingsaus met tijm (een exquise combinatie). (...) Zijn kinderen mogen als ze jarig zijn niet tracteren op trekdrop en spekkies, maar krijgen augurk en stukjes geitekaas mee naar school.'

(Uit: haar column 'Origineel', NRC/Handelsblad 18-8-1988)

### SALADE VAN KOMKOMMER EN GEITEKAAS

*1 komkommer (niet te groot)*
*1 stukje geitekaas (zacht van smaak)*

Snijd de komkommer in dunne plakjes en strooi er zout en peper over. Snijd het stukje geitekaas in dunne plakjes of kleine stukjes en leg die op de komkommer. Giet hier een vinaigrettesaus van 4 delen olie of 1 deel azijn of citroensap over. Strooi er eventueel in een koekepan geroosterde zonnebloempitjes over.

## *Annie M.G. Schmidt*

'Moeder bakt een keek.
En Jip en Janneke staan te kijken.
Mag ik ook eens roeren? vraagt Janneke (...)
Ik wil een lepeltje proeven, zegt Jip.
Eén lepeltje dan, zegt moeder. Ieder één lepeltje.
O, wat is dat lekker. Een hapje beslag!'

(Uit: *Jip en Janneke*, 'Deeg is lekker')

## HAPJE BESLAG

Mix door elkaar:

*50 gram suiker, 50 gram boter, 50 gram bloem, 1 ei en 1 minimaal mespuntje zout.*

*Willem Frederik Hermans, foto: Jutka Rona*

Hoofdstuk 2

# Buitenlandse schrijvers

## pasteitjes, hanekammen, madeleines

### *George Bernard Shaw: 'vlees is vergif!'*

De Engels-Ierse schrijver Shaw (1856-1950) was behalve toneelschrijver, essayist en pamflettist ook socialist en vegetariër. De eerste vijfentwintig jaar van zijn leven at Shaw vlees. 'Ik ben geen gourmet. Eten is geen genoegen voor mij, alleen een lastige noodzakelijkheid, zoals aan- of uitkleden.'
Toen hij eenmaal vegetariër was geworden, was hij ook consequent. Zo mocht er absoluut geen gebruik worden gemaakt van bouillonblokjes of dierlijke vetten. Evenmin gebruikte Shaw alcohol.
'Het is goed voor de gezondheid om geen vlees te eten. Vlees is vergif. De sterkste dieren, zoals de stier, zijn vegetariër. Kijk naar mij. Mijn gezondheid is tien maal beter en ik heb tien maal zoveel energie als een vleeseter.'
Als Shaw op reis ging nam hij zijn 'lunch' mee: zijn zakken zaten dan vol rozijnen en amandelen. Hij raadde andere vegetariërs aan asperges zoveel mogelijk te vermijden. Shaw hield wél van kaas en fruit en ook een omelet kon ermee door. In de loop der jaren werd hij een echte zoetekauw. Hij was dol op chocoladekoekjes, vruchtencake, honing, zuurtjes en nam graag een lepel suiker uit de suikerpot. Hij dronk water, sodawater, gerstewater, melk en chocolademelk.
Thee dronk hij niet, koffie zelden. Alcohol was zoals gezegd taboe. Volgens Shaw kon alcohol bij gewone mensen echter niet veel kwaad. Alleen genieën en leidinggevende personen hoefden immers grote geestelijke prestaties te leveren.

Shaw huwde op 42-jarige leeftijd met de rijke Charlotte Payne-Townshend. De heer en mevrouw Shaw ontvingen veel gasten. Voor meneer Shaw werd er apart gekookt en ook werd hij aan tafel apart bediend. Voor mevrouw en de andere gasten waren er cocktails, werd er aan tafel rode en witte wijn geschonken en stond er vlees op het menu. Mevrouw Shaw stelde de menu's samen: groentepasteien, notenkoteletten, gegratineerde bloemkool, kaassoufflé's, kerrie-groenteschotels en fruit koos zij uit voor haar echtgenoot met wie ze 45 jaar gehuwd bleef. Na haar dood in 1943 nam Alice Laden, een jonge weduwe uit Aberdeen die de zieke mevrouw Shaw had verzorgd, de taak op zich om voor Shaw te zorgen. De echtgenoot van Alice Laden was ook vegetariër en Alice had voor haar huwelijk zelfs een maandenlange cursus gevolgd in vegetarisch koken.

Het viel in 1943, midden in de Tweede Wereldoorlog niet mee om aan eten te komen. Shaw, die er op stond dat alle calorieën van elke maaltijd werden geteld en die elke ochtend op de weegschaal ging staan om zijn gewicht te controleren, verbood eten op de zwarte markt te kopen, zodat sinaasappels, aubergines en courgettes niet konden worden aangeschaft.

Wel reed Alice Laden regelmatig in de Rolls Royce met chauffeur naar London om inkopen te doen, want hoewel Shaw klaagde over de kosten en zichzelf een arm man noemde, stelde hij goede kwaliteit van voedsel op hoge prijs. Nadat de oorlog was afgelopen nam eten een steeds belangrijkere plaats in zijn leven in.

Over zijn ontbijt deed Shaw tweeëneenhalf uur. Over de lunch net zo lang, alleen met het diner was hij in vijfenzeventig minuten klaar. Dankzij de recepten van Alice Laden weten we nu precies wat George Bernard Shaw at.

Een paar dingen staan niet in haar boek vermeld. Zo deed zij wel eens wat suiker of honing in de soep van Shaw, en toen Shaw zich aan het eind van zijn leven af en toe slap voelde en de dokter hem adviseerde wat whisky te drinken (wat Shaw natuurlijk weigerde), deed Alice wel eens stiekum een scheutje whisky in de soep of door de pudding.

Nadat hij er smakelijk van gegeten had sprak Shaw zijn huishoudster dan vermanend toe: 'U haalt trucjes met mij uit, mevrouw Laden!'
'Shaw's corner', het huis dat Shaw van 1905 tot aan zijn dood in Ayot St. Lawrence bewoonde, is ongewijzigd gebleven en voor publiek toegankelijk.

## *Ivan Aleksandrovitsj Gontsjarov (1812-1891)*

I.A. Gontsjarov was de zoon van een graanhandelaar. Hij studeerde in Moskou en was later in overheidsdienst, o.a. als vertaler. Hij vond zichzelf een beetje op 'een hollandse koopman' lijken. Tientallen jaren lang werd hij door vrienden tot schrijven aangezet en steeds weer wist Gontsjarov een reden te verzinnen om dat dan niet te doen. Hij vond zichzelf of te jong, kende het leven niet goed genoeg, of hij vond zichzelf opeens weer te oud, of hij schreef niet goed genoeg, of de omstandigheden waarin hij verkeerde waren te ongunstig. Wat hij nodig had was rust, stilte en mooi weer. Ook was zijn gezondheid niet altijd in orde. Gontsjarov leed aan aangezichtspijnen.
In *Geschiedenis van de Russische literatuur* van Karel van het Reve vinden we een brief die Gontsjarov in mei 1857 vanuit Marienbad aan een vriendin schreef en waarin hij iets over zijn boek *Oblomov* vertelt:

'Men dineert in Marienbad om één uur – op zijn laatst twee uur, maar ik om vier: ik kan de algemene regel niet volgen: ik krijg geen hap door de keel; daarbij neem ik voor het eten de ene dag modderbaden, de andere een mineraalwaterbad – allemaal tegen mijn leverkwaal. (...) Mijn diner heeft vier gangen: vijf lepeltjes soep, een kleine Duitse varkens- of kalfscotelet en een half piepkuiken, allermagerst alsof het het water van Marienbad heeft gedronken. Wijn heb ik hier niet gezien en er nooit aan gedacht, van vodka heeft niemand in Marienbad gehoord, vruchten en sla zijn streng verboden, zoals alle verse groente. Maar koffie en thee zijn toegestaan, naar keuze. (...) Bidt ge nog steeds voor mij, begeleiden uw wensen me nog wel zoals toen ik vertrok? Blijkbaar wel. Luister dan: ik ben hier 21 juni onze stijl gekomen, en vandaag is het 29 juli, en ik heb het *eerste deel van Oblomov klaar, het hele tweede deel is al geschreven* en vrij veel van het *derde*, zodat het bos al minder dicht wordt, en ik zie in de verte... het einde. Het lijkt vreemd dat bijna de hele roman in één maand geschreven kon worden: niet alleen vreemd, maar onmogelijk, maar bedenk wel dat hij in mijn hoofd gerijpt was in de loop van vele jaren en dat ik hem bijna alleen nog maar op hoefde te schrijven...'

Het is verbazingwekkend hoe vaak er in *Oblomov* en ook in Gontsjarov's *Reis om de wereld* over eten wordt geschreven. Een opsomming van wat men zoal voor etenswaren in *Oblomov* tegenkomt: soep met niertjes, macaroni met Parmezaanse kaas, gevulde pasteien, koude bietensoep, zure room, eieren, koffie, kaneel, vanille, schapevlees, tong, ananas, kip, paddestoelpastei, kippesoep met grutten, vissoep, wodka, wijn, lever en niertjes, asperges, Franse erwtjes, gestoofde raapjes, hoofdkaas, speigelei, ham, zuurkool met zalm, gezoute augurken, kalfsvlees.

Op 7 oktober 1852 vertrekt Gontsjarov, als secretaris van de admiraal, op het fregat Pallas voor een grote wereldreis die 2 jaar zal duren. Het doel van de reis is o.a. om betrekkingen met Japan aan te knopen. Gontsjarov is nooit eerder op zee geweest en hij maakt tijdens de reis aantekeningen en kleine opstellen, die hij na terugkeer in verschillende tijdschriften publiceert. Later werden deze stukken bijeengebracht in een boek onder de titel *Het fregat Pallas.* Ook schreef hij over zijn belevenissen aan vrienden in Petersburg. In de serie Privé Domein van de Arbeiderspers verscheen zijn *Reis om de wereld* met veel van deze brieven.
Gontsjarov meldt in een van de brieven:

'Ach wat ben ik dik geworden, waar moet dat heen. Het zal wel van alle ellende op zee komen, ik weet het niet, in ieder geval groeit er nog een tweede buik bij, wat hoger dan de vorige. Dat zou niet zo erg zijn. Kennelijk is dat gewoon mijn noodlot, maar ergerlijk is dat al mijn reisgenoten als ze me 's morgens tegenkomen, steevast even met een vinger in die tweede buik van me prikken, alsof ze willen controleren of die wel echt is en geen kussen.'

In het begin van zijn zeereis noteert Gontsjarov tevreden:
'Zo heeft de zeeziekte mij tot dusverre onberoerd gelaten, ik heb een eetlust als een cadet op zondag, en de zeelucht is een haast volmaakte vervanging van lichaamsbeweging'.

Uiteraard ontdekt Gontsjarov op zijn reizen ook nieuwe hem onbekende voedingsmiddelen:

'Verder liggen, zoals bij ons de aardappelen, hier hele bergen mandarijnen, een soort kleine, maar heel geurige sinaasappels. Wat ook prettig is, dat hun schil direct loslaat, met alle vezels, en dan houd je een gepelde vrucht over, zo groot als een ei, sappig en haast doorzichtig.'

Maar de meeste dingen kent hij wel van naam. Gontsjarov aanschouwt en verorbert: groentesoep, rundvlees, koteletten, spek, kreeft, sinaasappel, balletjes gehakt in zure room, mango's, paddestoelen, vis in witte saus, rosbief, worstjes, gebraden schapevlees, spitskool, uien, pannekoeken, puitaal, banaan, ananas, schol, heilbot, stiltonkaas, kabeljauw.
Hij beklaagt zich echter dat pekelvlees te vaak op het menu staat en hij weigert gebraden haai en haaievinnesoep te eten. Hij drinkt Pekoe-thee en kokosnootmelk en in Japan saki, dat hij 'een slappe verschaalde rum' noemt. Gontsjarov is niet erg onder de indruk van het Japanse eten:

'Een Japanse maaltijd! Hoe gulzig had ik vroeger de beschrijving van vreemde maaltijden gelezen, dat wil zeggen van vreemde volken, ik verdiepte me in alle details, en ik heb ook vaak gezegd hoe graag ik eens bij de Chinezen en bij de Japanners aan tafel zou gaan! En zo is die droom van me dus uitgekomen. (...)
"Dit is bij ons de gewoonte," zei de oude man, "een schotel met 'iets' erop serveren en direct weer wegnemen: dat 'iets' is bij ons het symbool van welgezindheid." En dat *iets* was geen vis, zoals ik eerst dacht, maar een lint dat eruitziet als de rug van een steur. Ik hield het voor zeegras, maar het bleek het vlies van een slak te zijn, waarmee hij zich aan de rotsen vastkleeft. Zo ziet u: dat is bij hen het symbool van sympathie, van verbondenheid, of letterlijk 'verkleefdheid'. (...)
De dienaren gingen intussen door met het neerzetten voor iedere gast van roodgelakte onderstelletjes ter grootte van de bankjes die dames bij ons onder hun voeten zetten. Een bediende kwam aanlopen, tilde het onderstel vaardig en afgemeten als teken van eerbied tot op de hoogte van zijn hoofd, viel op zijn knieën, en met een behendige, gelijkmatige beweging zette hij het zachtjes voor de gast neer. Zes maal kwamen de dienaren toegelopen en zes van die dingen zetten ze voor ons neer. Maar niemand raakte nog iets aan. Alle onderstellen stonden helemaal vol met gelakte houten kommetjes, ter grootte en in de vorm van theekopjes, maar zonder oor; ieder kommetje was afgedekt met een houten schoteltje. Er waren ook gewone blauwe porseleinen kommetjes, allemaal vol spijzen, en nog kleine kommetjes met soja. Iedereen had er twee stokjes bij gekregen.

“Nou, dat betekent dus geen eten,” dacht ik, terwijl ik die twee gladde, witte, volledig stompe staafjes bekeek waarmee vast noch vloeibaar voedsel te pakken was. Hoe en waarmee moesten we dan eten? (...)
Na de saki werd er weer een dampende pot gebracht: ik dacht dat het misschien weer saki was, maar de oude man stelde voor dat we nu “heet water” zouden drinken...
Wat was dat voor grap? Wat een lekkernij! “Nee, dat willen we niet,” werd hem geantwoord. Maar ik dacht eigenlijk dat als we nu op zijn Japans aten, dat we het dan ook helemaal zo moesten doen, en daarom nam ik ook van het hete water: het smaakte precies zo beroerd als wanneer ik het aan een Russische dis had genomen.’

## *Gontsjarov – Shaw – Couperus*

Een van de bewonderaars van Gontsjarov was Louis Couperus. Dankzij de brieven die Couperus aan zijn uitgever Veen schreef, weten we welke boeken hij las. Couperus was helemaal weg van *Oblomov* en Couperus’ vrouw Elisabeth verklaarde dat hij ermee dweepte.
Een andere schrijver die door Couperus werd bewonderd (en vertaald, nl. het toneelstuk *Caesar en Cleopatra*) was George Bernard Shaw die hij ook werkelijk heeft ontmoet tijdens een huisconcert in London. F. Bastet in zijn Couperus-biografie:
‘Couperus genoot ervan en moet zich tussen al deze “celebrities” steeds meer een authentieke “lion” gevoeld hebben.’

## *Alexandre Dumas (1802-1870)*

Drie jaar na de dood van Alexandre Dumas (père), schrijver van o.a. *De drie musketiers*, werd zijn *Grand Dictionnaire de Cuisine* gepubliceerd. Een dik boek van 1156 pagina’s. In 1882 verscheen zijn *Petit Dictionnaire de cuisine* van 819 pagina’s. De Grand Dictionnaire bevat niet alleen leerzame verhandelingen over alles wat men at en dronk (zo is er een hoofdstukje over het eten van honden), hij bevat ook verschillende menu’s, een essay van Dumas over mosterd, een gastronomische kalender, een artikel van Victor Hugo waarin deze ‘Une cuisine modèle’ beschrijft, brieven van Dumas

aan zijn uitgever en een bijlage met advertenties van levensmiddelenhandelaren en wijnkopers.
In 1987 verscheen bij de Oxford University Press een handzame pocket *Dumas on food*, een selectie uit de Grand Dictionnaire, vertaald en van commentaar voorzien door Alan en Jane Davidson.
In 1987 verscheen bij de Bijenkorf een selectie uit Dumas' Grand Dictionnaire, vertaald door Esteban Lopez en met een inleiding van Ileen Montijn: *De Kookkunst van Alexandre Dumas*.

Een paar maal komen er ook Nederlandse produkten in de Dictionnaire voor. Zo schreef Dumas over haring:

'Verse zoute haring, bekend als "hareng pec", moet altijd afkomstig zijn uit Rotterdam, Leeuwarden of Enkhuizen, in Holland. Deze soort haring wordt in mootjes gesneden en vrij rauw gegeten, zonder dat er iets mee gedaan wordt, behalve dat men er sla bij krijgt... Zoute haring verschijnt zelden op tafel bij de gegoede burgers, maar in landen waar veel haring is, is hij bruikbaar voor arbeiders en arme mensen. Een verse haring is een uitstekende vis, waar men heel wat meer drukte over zou maken als hij duur en zeldzaam was.'

## *George Sand (1804-1976)*

In *Oblomov* van I.A. Gontsjarov mijmert Oblomov, terwijl hij in bed ligt te doezelen, over vrouwen:

'De hartstocht een wettige uitweg verschaffen, er een richting, een bedding aangeven, zoals men die tot heil van het land aan rivieren geeft, dat is een algemeen menselijke taak, een hoogtepunt van de vooruitgang, waar mensen zoals George Sand naar streven, maar waarbij ze op zijpaden raken. Wanneer die taak eenmaal volbracht is, zal er geen ontrouw meer zijn, geen verkoeling, maar het hart zal eeuwigdurend kalm en gelukkig kloppen, het leven zal dus rijk en vol bevrediging zijn, vol gezonde, morele kracht.'

George Sand is het pseudoniem van Amantine Aurore Lucile Dupin. Haar vader was legerofficier, haar moeder stamde af van de Koning van Polen.
Tot haar dertiende jaar wordt George Sand door haar moeder en grootmoeder opgevoed. Op haar achttiende jaar huwt

ze met Baron Casimir Dudevant. Ze krijgt een zoon Maurice, maar verbreekt dit huwelijk - een officiële scheiding is in die tijd nog niet mogelijk - als ze Jules Sandeau leert kennen, met wie ze onder de naam Jules Sand haar eerste boek schrijft. Vijf jaar na de geboorte van Maurice krijgt George Sand een dochter Solange. De vermoedelijke vader is Stephane Ajasson de Grandsagne.
Als George Sand, die een voor die tijd zeer onconventioneel leven leidt, niet op reis is of in Parijs verblijft, woont ze op het kasteel Nohant, toch nog zo'n dertig uur reizen van Parijs vandaan, dat na de dood van haar grootmoeder in 1821 haar eigendom wordt.
George Sand heeft vele al dan niet langdurige verhoudingen, o.a. met de schrijver Alfred de Musset, de componist Frédéric Chopin, de criticus Gustave Plance, de schrijver Prosper Mérimée. Ook de beroemde schrijver en diplomaat Chateaubriand is in haar geïnteresseerd, evenals diens maîtresse Madame de Récamier, die George Sand graag in haar 'salon' ontvangt.
George Sand correspondeert, behalve met haar minnaars, ook met beroemde mannen als Heinrich Heine, Franz Liszt, Eugène Delacroix, Gustave Flaubert en de Russische schrijver Ivan Toergenjev, die enkele malen Nohant bezoekt en over George Sand heeft gezegd: 'Zij schrijft met een intensiteit en warmte die voortvloeien uit een veroverende liefde voor alle details'. George Sand noteert tijdens een bezoek van Toergenjev: 'Toergenjev houdt van het lawaai en de vrolijkheid. Hij is een kind, net als wij. Hij danst, walst, wat een goede geniale man.'

Nohant trok veel beroemde bezoekers: Honoré de Balzac, Franz Liszt, Eugène Delacroix, Gustave Flaubert, Alexandre Dumas fils, Théophile Gautier en niet te vergeten Frédéric Chopin, die er componeert en piano speelt.
Er zijn verschillende familieschriften bewaard gebleven, waarin rekeningen van de kruidenier en recepten van gerechten werden geplakt en genoteerd. Er is o.a. een schrift van Lina Sand-Calamatta, de echtgenote van zoon Maurice, met 117 recepten, soms in het Italiaans opgeschreven.

Een van de recepten van Lina Sand is er een tegen constipatie en luidt: 'Drink elke avond voor het slapen gaan een groot glas koud water.'
Er is ook een cahier bewaard gebleven met 131 recepten van de hand van Aurore Sand, de dochter van Lina, die veel oude recepten weer eens heeft overgeschreven. In totaal bestaan er nog 673 recepten van gerechten die door de familie Sand en haar gasten op het kasteel in Nohant gegeten werden. Meestal staat de naam van degene van wie het recept afkomstig is erbij vermeld.
Alexandre Dumas fils bijvoorbeeld leverde het recept voor 'Chou garbure' – koolsoep. Andere recepten zijn van Marie Aurore de Saxe, de moeder van George Sand; van Nounou, de min van Maurice; van tante Mimi Ferra uit de Elzas; van dokter Pasquale Muratori uit het nabijgelegen Chateauroux; en van het beroemde Parijse restaurant Magny. George Sand zelf heeft slechts eenmaal eigenhandig een recept in zo'n cahier geschreven, voor 'gnocchis'. Het is intussen niet ondenkbaar dat Toergenjev, Flaubert, De Balzac en andere beroemde schrijvers die op het kasteel in Nohant te gast waren, daar de Madeleinecakejes hebben gegeten, die later door Marcel Proust in *A la recherche du temps perdus* tot de beroemdste cakejes ter wereld werden gemaakt. Straks zal ik het originele recept voor de Madeleines zoals dat in een van de cahiers van Nohant vermeld wordt, citeren.

## *Marcel Proust (1871-1922)*

'En zodra ik de smaak herkende van het stukje madeleine, dat mijn tante mij, in de lindebloesemthee gedoopt, placht te geven (ofschoon ik nog altijd niet wist en pas later zou ontdekken, waarom die herinnering mij zo gelukkig maakte), kwam het grijze oude huis aan de straat waar haar kamer op uitkeek, als een toneeldecor te voorschijn en voegde zich bij het kleine paviljoen dat op de tuin uitkwam en dat voor mijn ouders aan de achterzijde was bijgebouwd (dus dat afgeknotte beeld, dat ik tot nu toe alleen maar gezien had) en met het huis de stad, van de ochtend tot de avond en in weer en wind, het plein, waar men mij voor het middageten naar toe stuurde, de straten waar ik boodschappen deed, de wegen die we namen als het mooi weer was.'

Uit: *Combray*, uitg. De Bezige Bij, 1977

## Menu

APERITIEF: EEN ADVOCAATJE
*Oscar Wilde*

SINAASAPPELSALADE
*George Bernard Shaw*

PADDESTOELENPASTEITJE
*I.A. Gontsjarov*

KABELJAUWSCHOTEL
*Alexandre Dumas*

LOF-BIETENSALADE
*Alexandre Dumas*

KAZEN
*Len Deighton*
*Jane Austen*
*Alexandre Dumas*
*Paul Valéry*
*Erica Jong*
*I.A. Gontsjarov*
*G.B. Shaw*

MADELEINES
*George Sand*
*Marcel Proust*

## APERITIEF: EEN ADVOCAATJE
*Oscar Wilde*

Volgens Richard Ellmann, de biograaf van Oscar Wilde – zijn werkelijke naam was Fingal O'Flahertie Wilde – een geliefd drankje van de schrijver:

'Steeds vaker zocht hij de hulp van een stimulerend middel met als favoriet de Hollandse likeur Advocaat, hoewel hij later overging op brandy en absint.'

## SINAASAPPELSALADE *
*George Bernard Shaw*

*3 sinaasappels*
*1 bosje waterkers*
*enkele andijviebladen, uit het hart van de krop*
*zout, peper*

vinaigrettesaus:

*2 eetlepels azijn*
*1/2 theelepel suiker*
*1/4 theelepel zout*
*3 eetlepels olijfolie*
*versgemalen peper*

Pel de sinaasappelen, haal elk sinaasappelpartje uit het schilletje en verwijder de pitten. Leg de sinaasappelpartjes op de andijvieblaadjes en de waterkers (waarvan het onderste stukje van elke harige steel is weggesneden) en giet daar de vinaigrettesaus over.

Omdat George Bernard Shaw van noten hield kan ik deze variatie aanraden:
Rooster een half ons pignoli (pijnpitten) even in héél weinig olie in een koekepan tot ze lichtbruin zijn.
Strooi de nootjes over deze sla.

## PADDESTOELENPASTEITJES
### *I.A. Gontsjarov*

*4 (bladerdeeg) pasteibakjes*
*50 gr. boter*
*ongeveer 300 gram paddestoelen. Liefst gemengd: cantharellen, oesterzwammen, champignons. En/of gedroogde paddestoelen (boleten, 'cèpes'), die zijn voorgeweekt.*
*1 uitje en peterselie*

Fruit de fijngesneden ui in een beetje boter glazig en zacht. Schep de ui uit de koekepan en zet die even opzij. Doe de rest van de boter in de pan en stoof de schoongemaakte paddestoelen gaar, met een deksel op de pan zodat wat vocht bewaard blijft. Zorg ervoor dat ze nog wel knapperig blijven. Verwarm de pasteibakjes in de oven. Roer ui en paddestoelen door elkaar en vul hiermee de bakjes. Strooi er wat fijngehakte peterselie over.

## KABELJAUWSCHOTEL OF CABILLAUD OU MOURU À LA NORVÉGIENNE
### *Alexandre Dumas*

*200 gram kabeljauwfilet per persoon*
*citroensap*
*verse kruiden: peterselie, selderij, bieslook etc.*
*scheut witte wijn*
*broodkruim of paneermeel*
*nootmuskaat*
*boter*

Haal achtergebleven graten in de kabeljauwfilet er met een pincet uit. Giet citroensap over de vis en laat de vis een uur marineren. Verwarm ongeveer 100 gram boter en roer er een scheut droge witte wijn door. Meng hier de fijngehakte verse kruiden door. Giet dit over de kabeljauw. Strooi er broodkruimels over en leg hier en daar een klontje boter.
Zet de vis in een voorverwarmde matig-hete oven. Na ongeveer 20 minuten is de kabeljauw door en door wit en dus gaar. Pas als de vis uit de oven komt er vers gemalen nootmuskaat over strooien.

## LOF-BIETENSALADE
### *Alexandre Dumas*

*4 stronken lof*
*2 gekookte bieten*

Haal met een scherp mesje het bittere stukje onder uit de lofstronken. Schil de bieten. Snijd de lof in plakjes, de bieten in blokjes. Maak een vinaigrettesaus bij deze sla. Volgens Dumas is deze sla heel erg gezond en voedzaam.

'Misschien wel de beste sla, ondanks de iets bittere smaak. Doktoren bevelen het hun herstellende patiënten aan.'

## KAZEN

| gekozen door | *A. Dumas:* | ROQUEFORT |
|---|---|---|
| | *Jane Austen*: | STILTON, CHEDDAR |
| | *Len Deighton:* | CAMEMBERT |
| | *Paul Valéry:* | CACIOCAVALLO |
| | *G.B. Shaw:* | CHEDDAR |
| | *Erica Jong* : | GOUDA |
| | *I.A. Gontsjarov:* | STILTON |

Alexandre Dumas over kaas: 'Wij bevelen Roquefortkaas aan, die men niet zonder reden beschouwt als de beste van onze droge kazen.'

Jane Austen (1775-1817), dochter van een predikant, genoot voor haar tijd een buitengewone goede opvoeding. In 1813 verscheen *Pride and prejudice*. In 1815 publiceerde de uitgever Murray haar roman *Emma*, nadat hij eerst geprobeerd had de rechten op *Sense and Sensebility*, *Mansfield Park* en *Emma* te kopen voor 450 pond.
In *Emma* komt een scène voor waarin Emma probeert een naar zij vermoedt gesprek tussen verliefden, tussen Mr. Elton en Harriet af te luisteren. Teleurgesteld hoort ze hoe Mr. Elton het door hem genoten diner van de vorige dag be-

schrijft, met o.a. Stilton kaas, North Wiltshire kaas, boter, selderij en biet.
Vermoedelijk lijkt de North Wiltshire kaas (een 'home made' kaas; er was een kaaskamer op de North Wiltshire-boerderij) het meest op Double Gloucester. Deze kaas is voor zover ik weet niet in Nederland verkrijgbaar (maar op de kaasafdeling van Harrod's in Londen kun je een hele lekkere kaas kopen die gemaakt is van laagjes Stilton en laagjes Double Gloucester).

De Engelse schrijver Len Deighton, bekend van zijn spionageromans, stelde ook een kookboek samen: *De Franse keuken in 50 lessen*, oorspronkelijke titel: *Où est le garlic*.
Deighton vertelt in zijn 'Kaashoofdstuk' dat hij geprobeerd heeft om zelf camembert te maken.

'Toen wij op het platteland gingen wonen, kregen we de gelegenheid om zelf, via de melk van de koe van de buurman, te proberen om camembert te vervaardigen. Het was moeilijk en nam veel tijd in beslag, maar het resultaat was uitstekend (alhoewel ik de enige was die er van durfde te eten).'

Paul Valéry (1871-1945), Frans schrijver en dichter, hield veel van Italiaanse kaas. Hij vond 'caciocavallo', 'de beste van het koninkrijk.'

Alice Laden maakte voor George Bernard Shaw verschillende kaasgerechten: kaaspudding, kaasstrudel, een kaas-selderijpie, kaaskoekjes. Altijd gebruikte ze cheddarkaas.

Erica Jong, schrijfster van o.a. *Het ritsloze nummer*, publiceerde in 1968 *Fruit and Vegetables*, waarin opgenomen een gedicht met de simpele titel 'Kaas' dat als volgt begint:

'Spelunking through the blue caves of the Roquefort
under a golden Gouda moon,
we thought of the breast of the Virgin
which are also blue. Very few
cheeses are,
and Mary does not belong
in a poem on cheese.

Or does she?'

[Speurend door de blauwe spelonken van de Roquefort
onder een gouden Gouda-maan,
dachten we aan de borsten van de Maagd
die eveneens blauw zijn.
Zoals slechts weinig kazen,
en Maria hoort niet thuis
in een gedicht over kaas.

Of toch wel?]

## LES MADELEINES *

## *(recept uit de schriften van de familie Sand)*

*125 gram bloem*
*125 gram poedersuiker*
*60 gram boter*
*2 eieren*
*oranjebloesemwater of een ander aroma: vanille of citroen*
*5 gram gist*

Breek de eieren. Weeg dezelfde hoeveelheden bloem en suiker af en de helft daarvan voor boter. Meng bloem en suiker. Voeg gesmolten boter toe, de eigelen en het aroma.
Voeg de gist toe en de stijfgeklopte eiwitten. Smeer de vormpjes† in met boter, vul ze voor de helft met het deeg. Zet ze ongeveer 20 minuten in de oven.

Voor wie weinig tijd heeft om madeleines zelf te bakken: de Hema verkoopt pakken kant-en-klare madeleines.
Verwarm de oven voor en leg hier de cakejes ongeveer 5 minuten in. Injecteer de madeleines met behulp van een speciale 'culinaire' injectiespuit - die bij vlees- en wildgebraad gebruikt wordt - met wat oranjebloesemwater of een ander aroma.
Zet een potje lindebloesemthee. Gedroogde lindebloesem is verkrijgbaar bij de reformwinkel. Meng de lindebloesem door een gewone, neutraal smakende thee.

---

† er bestaan speciale schelpvormige vormpjes voor madeleines

*George Sand*

# EXTRA RECEPTEN EN CITATEN

## KRAB-RIJSTSALADE *
## *Guzel Amalrik*

Guzel Amalrik is de vrouw van de bij een auto-ongeluk omgekomen Russische schrijver Andrej Amalrik. Guzel schildert en schreef het boek *Herinneringen aan mijn kinderjaren* (Uitg. Van Oorschot, 1977).

*200 gram rijst*
*4 eieren*
*dille*
*200 gram krab (of krabsticks)*
*2 potjes zure room*
*ongeveer 4 eetlepels mayonaise*
*citroensap*
*cayennepeper*
*slabladen*

Kook de rijst gaar en laat afkoelen. Kook de eieren in 8 minuten hard. Snijd de krab(sticks) in stukjes. Maak een sausje van de zure room en de mayonaise. Roer er eventueel nog wat citroensap door. Pel de eieren en prak ze fijn. Hak de dille fijn (neem eventueel diepvries-dille als er geen verse dille te krijgen is). Meng nu door elkaar: rijst, krab, dille, de saus en de eistukjes. Roer er een beetje cayennepeper door. Was enkele slabladen en leg die op de bordjes. Verdeel hier de rijst-krabsalade over. Drink er ijskoude wodka bij.

## *Edmondo de Amicis*

'De Nederlanders eten veel. (...) Ze eten gewoonlijk vijf malen per dag. Bij het opstaan gebruiken ze thee, koffie, melk, brood, kaas en boter; kort voor de middag een stevig ontbijt; voor de maaltijd een zogenaamd borreltje, een glas likeur met wat beschuit; dan een ferm middagmaal, en 's avonds laat nog een avondeten, om niet met een lege maag naar bed te gaan.
Het hoofdbestanddeel van het middageten is altijd een schotel vlees, waarbij dan een stuk of vier, vijf gerechten van ingemaakte spijzen of groenten komen, die ieder vermengt en bijeenvoegt naar zijn believen.

De vlezen zijn keurig en de groenten nog keuriger, en ze worden op honderdenlei wijzen toebereid; afzonderlijke vermelding verdienen de aardappelen en de kool, en heerlijk is hun manier om *eierkoeken* te bakken.'

(Uit: *Nederland en zijn bewoners*, ca. 1873)

EIERKOEKEN

*1 ei*
*50 gram suiker*
*1 theelepel vanillesuiker*
*40 gram bloem*
*mespunt bakpoeder*
*snufje zout*

Klop ei, suiker en vanillesuiker schuimig. Doe zout en bakpoeder bij de bloem en doe dit bij kleine beetjes tegelijk bij het eimengsel. Klop er nog een eetlepel warm water door. Leg kleine hoopjes, met een behoorlijke ruimte ertussen, op een ingevet bakblik of op bakpapier.
Bak de eierkoeken in een voorverwarmde oven van 175 °C. Na ongeveer tien minuten zijn de eierkoeken lichtgeel en gaar.

## *Honoré de Balzac*

... was een goede eter. Tijdens één maaltijd verorberde hij een dozijn koteletten, een eend, twee patrijzen, 110 oesters. En als dessert nam hij 12 peren.
Balzac ging 's morgens om 6 uur naar bed en sliep tot 12 uur in de middag. Stond dan op en schreef gedurende 12 uur achtereen en dronk daarbij zeer veel koffie, waarover hij ooit zei:

'De koffie valt in je maag en onmiddellijk is er totale onrust. Ideeën beginnen te komen als bataljons van het Grote Leger op een slagveld en de veldslag begint. Herinneringen komen in volle galop met het vaandel in de wind aanstormen. De lichte cavalerie van vergelijkingen levert een fantastische aanval, de artillerie van logica haast zich met materiaal en ammunitie, de pijlen van scherpzinnigheid beginnen te schieten. Vergelijkingen komen omhoog, het papier is bedekt met inkt, de strijd is begonnen en eindigt met een stortvloed van zwart water, net zoals bij een veldslag met kruit.'

Er is een gerecht dat de naam van Balzac draagt: Suprèmes de turbot à la Balzac, tarbotfilets gepocheerd in een visbouillon, gegarneerd met ansjovisfilets, truffel en dragon en voorzien van een witte saus en een génévoise sauce.
(Deze laatste saus kan men vinden in *Ma cuisine* van A. Escoffier).

## *Samuel Beckett*

'"Begrijp goed," zei ze streng, "kreeften worden altijd levend gekookt. Dat hoort zo."
Ze pakte de kreeft en legde hem op zijn rug. Hij beefde.
"Ze voelen niets," zei ze...
Ze tilde de kreeft van de tafel. Hij had nog dertig seconden te leven. Nou, dacht Belacqua, het is een snelle dood. God sta ons bij. Dat is het niet.'

## *Ambrose Bierce*

'Pudding, een walgelijke substantie die tot stand komt door een kwaadaardige samenzwering van een kip, een koe en een kok.'

## KERRIE-BANANEN *
## *Pearl S. Buck*

*750 gram stevige, nog groenige, bananen*
*2 theelepels boter*
*1/2 theelepel gemalen geelwortel (kurkuma)*
*1/2 theelepel karwijzaad*
*1 theelepel zout*
*1/2 theelepel chilipoeder*
*1/2 theelepel garam-masala (een mengsel van verschillende kruiden, in o.a. Indiase winkels verkrijgbaar. Het woord betekent: 'hete kruiden'.)*
*1 eetlepel melk*
*1 eetlepel citroensap*

Pel de bananen en snijd ze in 3 cm. lange stukken. Smelt boter in een grote koekepan (of wok) en bak daar enkele minuten de geelwortel en het karwijzaad in. Doe de stukken banaan in de pan. Strooi er wat zout en chilipoeder over en bak alles ongeveer 8 minuten op een zacht vuur. Doe vervolgens de garam-masala en de melk in de pan. Schep alles voorzichtig door elkaar, zonder dat de bananen kapot gaan. Giet het citroensap in de pan en laat alles nog eens 10 minuten op een laag vuur stoven. Dan is alle vloeistof verdampt en zijn de bananen zacht maar nog wel heel. Doe het vuur uit. Geef deze kerrie-bananen bij groenten en/of vleesgerechten.

## KIP MET PARMEZAANSE KAAS *

*Barbara Cartland*

Barbara Cartland staat in het Guinness Wereldrecordboek vermeld als meest verkochte auteur. De afgelopen twaalf jaar schreef zij gemiddeld 23 boeken per jaar. In totaal schreef zij 460 boeken en verkocht zij 500 miljoen exemplaren over de gehele wereld. Barbara Cartland geeft veel geld aan liefdadige instellingen. Ze is familie van Prinses Diana van Engeland.

*1 (mais)kip van 100 gram*
*25 gram boter*
*zout*
*droge witte wijn*

voor de saus:

*30 gram boter*
*30 gram bloem*
*melk of slagroom*
*100 gram geraspte parmezaanse kaas*
*2 schuimig geklopte eierdooiers*
*2 eetlepels droog broodkruim*
*dragon*

Snijd de kip in vieren en bak de stukken kip in boter in ongeveer 20 minuten gaar. Doe eventueel een scheutje witte wijn in de pan.
Maak het sausje: smelt de boter in de pan. Roer de bloem door de boter en giet, steeds goed roerend, beetje voor beetje de melk of de room in de pan. Stop met de melk(room) als er een mooie dikke saus is ontstaan. Laat de saus een minuut zachtjes koken. Roer de geraspte kaas door de saus. Roer wat van de saus door de geklopte eierdooiers en giet dit terug in de saus. Laat de saus niet meer koken.
Doe de helft van de saus in een vuurvaste schaal en leg hier de met wat zout bestrooide stukken kip in. Meng broodkruim door de rest van de saus en giet dit over de kip. Zet de schaal even onder de grill tot de saus lichtbruin kleurt. Strooi er fijngehakte blaadjes dragon over.

## HETE BONENSALADE *
*Agatha Christie*

*200 gram garnalen*
*750 gram sperziebonen*
*200 gram bacon, in reepjes gesneden*
*2 eetlepels azijn*
*versgemalen peper*

Kook de sperziebonen 10 minuten. Strooi er na afgieten versgemalen peper over en schep de azijn door de bonen. Bak tijdens het koken van de sperziebonen de reepjes bacon knapperig en doe op het laatste moment de garnalen bij de bacon.
Meng de sperziebonen, bacon en garnalen door elkaar en giet het vet van de gebakken bacon over deze hete salade.

## ARNHEMSE MEISJES
*Roald Dahl*

Roald Dahl is dol op Arnhemse meisjes, sinds hij tijdens het signeren van zijn boeken in een boekwinkel in Arnhem een

blik Arnhemse meisjes van een bewonderaarster aangeboden kreeg. Hij kreeg het recept van de Arnhemse banketbakker, maar vertelde een jaar later dat het niet goed gelukt was ze zelf te maken.
In het kookboek van de Huishoudschool aan de Laan van Meerdervoort, 's Gravenhage (1942) staat een recept van deze koekjes:

*200 gram bloem*
*200 gram boter*
*1 dl. water*
*3 gram zout*

Bereiding als feuilletédeeg: het deeg bestaat uit bloem, boter, water en zout. De boter, die in dunne laagjes in het deeg ligt, is oorzaak, dat er bij verhitting deeglagen gevormd worden, omdat de boter voorkomt dat het deeg daar op elkaar plakt.
Het in de oven verdampende water jaagt de deeglaagjes uit elkaar. Om het deeg goed te kunnen maken, moeten de bestanddelen koud zijn. Voor de bloem is banketbakkersbloem aan te bevelen of bakkersbloem met wat zetmeel. De boter moet hard zijn, het water koud.
Als hulpmiddel bij het maken van dit deeg is een deegrol nodig, die heel gemakkelijk om de spil kan draaien, omdat het hiermee mogelijk is luchtig over het deeg te rollen. Bij zwaar rollen drukt men de boter door de deeglaagjes, waardoor het effect van 'bladerdeeg' niet bereikt wordt.
Deze uitrollen op een met kristalsuiker bestrooide tafel, zodat ovale koekjes ontstaan. Koekjes met ei bestrijken, dik met suiker bestrooien, op een bakplaat leggen op een onderlinge afstand van niet minder dan 2 cm. en in een hete oven (220° C) bakken, ongeveer 10 minuten.

## *Alexandre Dumas*

... at op doktersadvies elke dag om 7 uur 's ochtends een appel onder de Arc de Triomphe te Parijs. Dit zou een wat regelmatiger leven bevorderen.

*George Eliot*

'Niemand kan verstandig zijn met een lege maag.'

## *Théophile Gautier*

In het jaar 1840 reisde Théophile Gautier door Spanje. Hij noteerde het volgende:

'Onze maaltijd was uiterst eenvoudig, alle bedienden van het hotel waren uit dansen gegaan en we moesten tevreden zijn met gazpacho. Deze gazpacho is een speciale beschrijving waard en we geven hier het recept waarvan de haren van wijlen Brillat-Savarin overeind zouden zijn gaan staan.
Je doet water in een soepterrien en in dat water doe je een scheut azijn, wat knoflooktenen, wat in vieren gesneden uien, enkele plakken komkommer, een paar stukken paprika, een beetje zout; dan snijd je wat brood af dat je in dit koude mengsel laat weken. Thuis zou geen enkele hond zelfs zijn snuit maar in dit vreemde mengsel wensen te steken.
Het is het lievelingsgerecht van de Andalusiërs en de mooiste vrouwen drinken op één avond kommen vol van dit hellebrouwsel. Men zegt dat gazpacho verfrissend is, een wat overhaaste mening, maar hoe vreemd het ook is bij de eerste slok, tenslotte went men er aan en gaat men het zelfs lekker vinden.'

### GAZPACHO

*6 grote tomaten*
*1 gesnipperd uitje*
*1 groene paprika in kleine stukjes gesneden*
*1 kleine komkommer, in kleine stukjes gesneden*
*1 teen knoflook, uit de knijper*
*3 eetlepels olijfolie*
*1 eetlepel azijn*
*1/2 liter kippebouillon (koud)*
*zout*
*peper*
*fijngehakte peterselie en bieslook*

Maal de gewassen en gepelde tomaten fijn in een keukenmachine of druk ze door een zeef. Doe dit 'tomatensap' in een soepterrien. Giet de kippebouillon in de terrien en roer er

de fijngesneden groenten door. En ook de olijfolie en de azijn. Zet de gazpacho enkele uren koel weg.
Strooi er op het laatste moment fijngehakte peterselie en bieslook over. Eventueel kan men er nog uit aparte bakjes fijngesneden stukjes rode paprika, ui en komkommer los bijgeven.

## ENGELSE SOEP
*I.A. Gontsjarov*

In *Oblomov* is op een bepaald ogenblik sprake van een 'Engelse soep'.
Ik vroeg aan Karel van het Reve of hier misschien het Italiaanse nagerecht 'zuppa inglese' mee bedoeld werd. Omdat hij toch even in Moskou was ging hij op onderzoek uit en meldde na zijn terugkeer het volgende:

'Hier is dan eindelijk het antwoord op je vraag over die Engelse soep. Eigenlijk is dat antwoord heel eenvoudig: naar alle waarschijnlijkheid is de al door jou genoemde zuppa inglese bedoeld, ook al omdat hij aan het eind van de maaltijd staat. Maar een Moskouse vriend heeft het 'Museum van openbare voeding' aldaar opgebeld en uit dat museum heeft de 'ex-opperkok van de stad Moskou' Sergej Ivanovitsj Protopov, het recept gedicteerd van

### HELDERE KALFSKOPSOEP À L'ANGLAISE:

Van vlees en kalfskop een doorzichtige bouillon trekken. Daarna een vleesvulling maken met toevoeging van fijngehakte gebakken ui, zout en Engelse peper, nootmuskaat, boter (in het Russisch staat *maslo*, wat zowel boter als olie kan betekenen) en brood van eerste kwaliteit. Dit alles fijnstampen, wrijven en tot een soort worstje maken, uitkoken in de bouillon en in stukjes snijden. In soepkom enkele stukjes vulling leggen, enkele stukjes kalfskop afsnijden, afgekookte geschrapte wortels, venkel, en dat begieten met die bouillon. De bouillon koken met wortelen [*koren'ja*, kan ook 'soepgroenten' betekenen] (peentjes, selderie, prei [in het Russisch *porej*, leuk] en specerijen). Desgewenst een half glas (of een glas) witte Franse wijn toevoegen.
Het museum (tel. 2713503) is iedere woensdag van tien tot drie open. Het recept komt uit een kookboek zonder kaft dat meer dan honderd jaar oud is.'

СУП ПРОЗРАЧНЫЙ ИЗ ГОЛОВЫ ТЕЛЯЧЬЕЙ<br>
ПО-АНГЛИЙСКИ

Сварить из мяса и телячьей головы<br>
прозрачный бульон. Затем сделать мясной фарш с добавлением<br>
рубленного обжаренного лука, соли и английского перцу, мускат-<br>
ного ореха, масла, яйца и хлеба высшего сорта.<br>
Всё истолочь, протереть и скатать<br>
в виде колбаски -<br>
и отварить в бульоне и нарезать ломтиками.<br>
В суповую миску положить несколько кусочков фарша, нарезать<br>
ломтиками телячью голову,<br>
отварные точёные коренья, укроп<br>
и залить этим бульоном.<br>
Бульон варить с кореньями / морковкой, сельдереем, пореем,<br>
и специями /. При желании можно влить полстакана / или стакан /<br>
белого французского вина.

--------

Рецепт продиктован по телефону<br>
бывшим главным кулинаром города Москвы<br>
Сергеем Ивановичем Протопоповым<br>
из<br>
Музея общественного питания.<br>
Телефон музея: 271-35-03<br>
Адрес: Москва, Большой Рогожский переулок, дом 17<br>
Музей открыт для посещения<br>
п о  с р е д а м<br>
с  10-ти до 3-х

--------

По словам диктовавшего, это рецепт из старой поваренной<br>
книги без обложки: ей более ста лет

## *Günter Grass*

Neem 12 tot 17 hanekammen, leg ze in warme melk tot het vel er makkelijk afgehaald kan worden, was ze in koud water tot de rode kleur tot verrassend wit verbleekt, besprenkel ze met citroensap, rol de hanekammen door geklopt ei, bak ze kort aan beide kanten en serveer ze, op ronde schijven knolselderij die even in boter gebakken zijn, aan mannen die net als ik problemen hebben om hem omhoog te krijgen en hanig gedrag vertonen.

## *Redmond O'Hanlon*

'We hakten treden in de hoge modderige oever en sloegen ons kamp op. Chimo en Pablo spreidden palmtakken uit op de grond en begonnen de aap klaar te maken voor consumptie; ze overgoten hem met kokend water en schraapten de vacht eraf. De huid werd blank, als van een baby.
Die avond, toen Pablo het lijf in stukken had gesneden en Galvis het gekookt had, overhandigde Chimo mij een verdacht vol etensblik. Al etend van de soep kwam ik de schedel van de aap tegen, overdekt met een dun laagje rood vlees, met de ogen nog in de kassen.
"Dat hebben we speciaal aan jou gegeven," zei Chimo heel ernstig terwijl hij naast me kwam zitten op een boomstam, en nog een handvol maniok pakte om bij zijn eigen etensblik te doen. "Dat is een eer in ons land. Als jij de ogen opeet, zal dat ons geluk brengen."
De schedel grijnsde me toe met kapotte tanden. Ik pakte hem beet, zette mijn lippen beurtelings aan de oogkassen en zoog. De ogen lieten gemakkelijk los en gleden door mijn keel. Chimo zette zijn etensblik neer, vouwde zijn handen op zijn buik en brulde van het lachen.
"Barbaar dat je bent!" schreeuwde hij. "Ellendige naakte wilde! Vind je niet dat hij sprekend op een mens lijkt? Hoe kún je zoiets walgelijks doen?"'

(Uit: *Tussen Orinoco en Amazone*, Arbeiderspers 1988)

## *Joseph Heller*

In een interview over Nederland in de 17e eeuw:

'Ik heb geen afdoende verklaring voor jullie miraculeuze beschaving in de 17e eeuw. Misschien had de Republiek alles aan de haring te danken. Zonder visvangst en de scheepsbouw was Holland nooit zo welvarend geworden.'

(Uit: NRC/Handelsblad, 5-11-1988)

### BROWNIES *

## *Christopher Isherwood*

*75 gram bittere chocolade*
*150 gram boter*
*3 eieren*
*200 gram poedersuiker*

*30 gram bloem*
*1 theelepel bakpoeder*
*snufje zout*
*vanille-essence*
*100 gram gehakte wal- of pecannoten*
*gesmolten boter*
*bloem*

Smelt de chocola en de boter en roer door elkaar. Laat het iets afkoelen. Klop met een mixer de eieren en de poedersuiker schuimig. Roer hier het chocolademengsel door en meng beetje bij beetje door dit mengsel het meel, de bakpoeder, een beetje zout en de vanille-essence. Schep de noten door dit mengsel. Smeer een vierkante of rechthoekige schaal of vorm in met wat gesmolten boter en bedek alle kanten met een dun laagje bloem. Doe het chocolademengsel in de vorm en bak deze taart in een voorverwarmde oven (175° C) in 35 minuten gaar.
Laat de taart even afkoelen en snijd er dan 'brownies' van.

*Samuel Johnson*

'Laat me lachen met de wijzen en eten met de rijken.'

## PÂTÉ DE FOIE *
*Erich Kästner*

*750 gram kippelevers*
*50 gram kippevet*
*1 ei*
*150 ml. melk*
*zout, versgemalen zwarte peper*
*knoflook*

Maal alle ingrediënten fijn in een keukenmachine. Smeer een cakevorm dun in met zonnebloemolie en doe hier het mengsel in. Zet de cakevorm in een bak gevuld met heet water en bak deze paté ongeveer 1 uur in een matig warme oven (175° C).

De paté moet gaar, maar nog rose-achtig van binnen zijn.

## *Barbara Ketcham Wheaton*

... schreef *De smaak van het verleden*, een boek over de Franse keuken van 1300 tot 1789, waarvoor ze de Prix Littéraire des Relais Gourmands kreeg.
Een prijs die bestond uit een jaar lang gratis eten voor twee personen in gerenommeerde Franse Relais-restaurants.
Ooit woonde Barbara Ketcham Wheaton twee jaar lang in Bussum. Haar man deed toen historisch onderzoek aan de Universiteit van Utrecht.
Het is dat het ten strengste verboden is in Amerika vleeswaren in te voeren, anders nam ze iedere keer bij haar vertrek uit Nederland een koffer rookworst mee.
Wat Barbara Ketcham Wheaton wél mee naar Amerika neemt: muisjes voor op brood en speculaaskruiden.

## *E.V. Lucas*

'Alle Hollandse kaas is lekker, maar mijn voorkeur gaat uit naar Goudse kaas. Maar ik heb nog niet geleerd van plakken kaas bij het ontbijt te houden, hoe dun het ook gesneden is. Gestoofde pruimen en perziken bij geroosterd wild, een andere Hollandse eetgewoonte, zou ik echter graag in Engeland ingevoerd zien.'

### PRUIMEN IN VOUVRAY *
### *Mary McCarthy*

*400 gram gedroogde pruimen*
*3/4 fles niet mousserende witte Vouvray wijn*
*ongeveer 50 gram suiker*
*1 citroenschilletje*
*1 vanillestokje*

Giet de wijn in een pan en doe het vanillestokje, het citroenschilletje en de suiker erbij. Kook hier de gedroogde pruimen in net zolang tot ze mooi opbollen. Laat het afkoelen en verwijder de pitten uit de pruimen. Verwijder het schilletje en het vanillestokje. Laat de pruimen tenminste één nacht in de Vouvray in de koelkast staan. Geeft er met vanillesuiker gezoete, geklopte slagroom bij.

*George Mikes*

'Op het continent hebben de mensen goed te eten. In Engeland hebben de mensen goede tafelmanieren.'

*A.A. Milne*

'Ik houd wel van een beetje boter op mijn brood.'

*Molière*

'Hij heeft een verdienstelijke kok; iedereen bezoekt zijn diners en niet hem.'

*Vladimir Nabokov*

'Een van haar grootste zomergenoegens was de bij uitstek Russische sport van *chodiet' po griebi* (paddestoelen zoeken). In boter gebakken en vermengd met zure room verschenen haar heerlijke vondsten regelmatig op onze dis. Niet dat het smaakaspect van veel belang was. Zij genoot voornamelijk van het zoeken, en dit zoeken geschiedde volgens bepaalde regels. Zo plukte zij geen zwammen; zij nam alleen soorten die behoorden tot de eetbare afdeling van het genus Boletus (de geelbruine *edulis*, de bruine *scaber*, de rode *aurantiacus*, en enkele nauwverwante bondgenoten), door sommigen 'buisjeszwammen' genoemd en door mycologen koud gedefinieerd als "aardse, vlezige, aan rotting onderhevige paddestoelen met centraal geplaatste steel." (...) Op bewolkte namiddagen ging mijn moeder vaak, helemaal alleen in de motregen, met een mand (met aan de binnenkant blauwe plekken van iemands bosbessen) op stap voor een lange zoek- en zameltocht. Tegen etenstijd kom men haar dan uit de nevelachtige verte van een parklaan zien opduiken, haar kleine gedaante in cape en kap van groenbruine wol, waarop ontelbare druppeltjes vocht haar met een soort van waas omringden. Terwijl zij naderde van onder de druipende bomen en mij ontwaarde, kreeg haar gezicht een eigenaardige, vreugdeloze uitdrukking, die van weinig geluk had kunnen getuigen, maar die ik kende als de gespannen, angstvallig bedwongen gelukzaligheid van de succesvolle zoeker. Vlak voordat zij mij bereikte liet zij dan met een abrupte neerwaartse beweging van arm en schouder en een 'Poeh!' van opperste uitputting haar mand zakken, om de nadruk te leggen op zijn gewicht, zijn fabelachtige volheid.'

(Uit: *Geheugen spreek*, Bezige Bij/Meulenhoff 1968)

## *Samuel Pepys*

Van Samuel Pepys (1633-1703) wordt beweerd dat hij pornografische boeken las die hij in een neutrale kaft verpakte. Hij las deze boeken al masturberend bij de open haard, waarin hij het boek na lezing verbrandde.
In zijn bibliotheek werd, behalve de beroemde dagboeken, ook een anoniem manuscript met recepten gevonden.

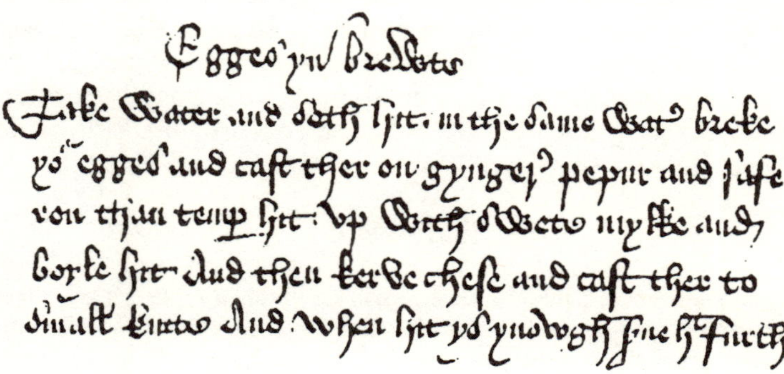
Eggys yn brewetes
Take water and do hit in the same wat' breke
yo' egges and cast ther on gynger pepur and safe
ron than temp hit vp with swete mylke and
boyle hit And then kerve chese and cast ther to
small kuttes And when hit ys ynowgh serue hit furth.

In dit manuscript stonden niet alleen recepten om eten klaar te maken, maar ook medicinale recepten voor kwalen als steenpuisten, kolieken, constipatie.

Hier het recept voor eieren in bouillon in drie verschillende versies: het originele recept, in handschrift; de Engelse 'vertaling' en de Nederlandse vertaling/bewerking:

EGGS IN BROTH *

Take water and boil it, into the same water break/your eggs and cast thereon ginger, pepper and saffron,/then mix in fresh milk and/boil it and then cut up cheese and add it thereto/the pieces of cheese cut small and when it is cooked/serve it forth.

EIEREN IN BOUILLON

*1 liter water*
*4 eieren*
*gemberpoeder*
*versgemalen peper*
*saffraan*
*scheutje room of volle melk*
*100 gram geraspte (cheddar) kaas*
*(2 bouillonblokjes)*

Breng het water aan de kook. Roer er eventueel twee bouillonblokjes door. Breek hierin de eieren en roer alles met een garde goed door. Roer de geraspte kaas, gemberpoeder en enkele saffraandraadjes door de soep. Als de kaas gesmolten is het vuur laag doen en een scheutje room of melk door de soep roeren. De soep mag niet meer koken.

## *Philip Roth*

'Laat de gojim maar paling, kikkers, varkens, krabben en kreeft eten; laat ze maar gier, apevlees en bunzing eten als ze daar trek in hebben. Een dieet van verfoeilijke wezens past heel goed bij het oppervlakkige leeghoofdige mensensoort dat drinkt, echtscheidingen pleegt en vecht met zijn vuisten.'

(Uit: *Portnoy's complaint*, Meulenhoff 1969)

## *Jean-Jacques Rousseau*

'Grote vleeseters zijn in het algemeen wreder en meedogenlozer dan andere mensen.'

*Dorothy Sayers*

'Wat? Zondagochtend bij een Engelse familie en géén worstjes? Mijn hemel, wat moet er van de wereld terecht komen.'

*William Shakespeare*

'Ik ben een groot vleeseter en ik geloof niet dat het mijn gevatheid kwaad doet.'

*George Bernard Shaw*

'Er bestaat geen oprechter liefde dan de liefde voor voedsel.'

## KALFSVLEES MET ZURING *
*George Simenon*

*500 gram kalfsvlees (fricandeau)*
*dun gesneden lapjes spek*
*2 worteltjes in schijfjes gesneden*
*2 gesnipperde uien*
*peterselie, tijm, laurierblad*
*2 tenen knoflook*
*150 ml. bouillon*
*zout en peper*
*250 gram zuring*

Bedek de bovenkant van het vlees met de lapjes spek. Leg het vlees in een met boter ingesmeerde vuurvaste schaal en leg er de ui, worteltjes, knoflook en kruiden omheen. Strooi hier wat zout en versgemalen peper over. Dek het vlees af met aluminiumfolie en zet de schaal in een matig-warme oven (ongeveer 150° C).
Bedruip het vlees van tijd tot tijd. Na ongeveer 2 uur is het vlees gaar. Giet de jus uit de schaal in een sauspan. Was de zuring, snijd de steeltjes eraf. Laat de zuring op een hoog vuur in de bouillon slinken. Schep af en toe om. Giet de jus bij de zuring. Verwarm alles goed en leg het vlees op een bed van zuring met jus en bouillon.

## *W. Somerset Maugham*

'Bij een diner moet men verstandig, maar niet te veel eten en véél, maar niet te verstandig praten.'

## *John Steinbeck (reizend door Rusland)*

'We bestellen een ontbijt, een omelet, toast en koffie en wat kregen we? Tomatensla met uien, een bord augurken, een stuk watermeloen en twee flessen mineraalwater.'

## KOELEBJAKA
## *Anton Tsjechov*

'De koelebjaka doet het water in je mond komen, het moet overdadig zijn, om precies te zijn.
Als je voor jezelf een stuk afsnijdt sluit je even je ogen en je hart loopt over van genot. Dan begin je te eten en de boter druppelt als grote tranen en de vulling is sappig, heerlijk; er zitten eieren... en uien.. ja, ja, je eet twee stukken koelebjaka achter elkaar... maar het derde stuk bewaar je voor de soep...'

Voor het bladerdeeg:

*250 gram bloem*
*zout*
*enkele druppels citroensap*
*150 gram boter*
*koud water*

Voor de vulling:

*750 gram zalm*
*75 gram boter*
*1 gesnipperde ui*
*250 gram gekookte rijst*
*100 gram champignons in plakjes*
*4 hardgekookte eieren*
*fijngehakte peterselie*
*zout, versgemalen peper*

Zie voor het maken van bladerdeeg het recept voor Arn-

hemse meisjes bij Roald Dahl. Wie tegen het zelf maken van dit deeg opziet kan kant en klare pakjes diepvriesbladerdeeg kopen. Druk deze lapjes goed tegen elkaar aan en 'las' de naden dicht met een beetje water. Bak de zalm op een zacht vuur in boter gaar. Verwijder graten en vellen en laat de zalm afkoelen. Bak in boter de gesnipperde ui en de champignonplakjes. Laat afkoelen. Meng rijst, ui, champignons, zalm, geprakte eieren, peterselie door elkaar. Voeg eventueel wat zout en peper toe.
Bedek een vuurvaste schaal of een rond bakblik met het (uitgerolde) koele deeg en leg hier de vulling op. Dek de vulling af met de rest van het bladerdeeg en maak alle kieren goed dicht. Versier eventueel de bovenkant nog met een figuurtje dat uit een restje bladerdeeg is gesneden (een visje b.v.). Bak deze koelebjaka ongeveer 30 minuten in een voorverwarmde oven op 175-200° C.

### *Mark Twain*

'Bloemkool is niets anders dan kool met een middelbare schoolopleiding.'

'Wie watermeloen heeft geproefd weet wat engelen eten.'

### *Voltaire*

'In Engeland bestaan zestig verschillende godsdiensten, maar slechts één saus.'

### *Oscar Wilde*

'Ik haat mensen die niet serieus doen over hun maaltijden.'

In *Les Annales Politiques et Littéraires* (mei 1933) staat een artikel over het verblijf van Oscar Wilde in een hotel in de Rue des Beaux-Arts in Parijs: Immanuel De Rudbeck interviewde de baas en bazin van dit hotel die hem vertelden hoe

Oscar Wilde zijn dagen doorbracht:

'Gewoonlijk bracht ik zijn ontbijt om elf uur 's ochtends; koffie en croissants met boter. Hij had een hekel aan hete chocolade. Daarna stond hij op en ging wat brieven schrijven of lezen. Om half twee, of twee uur bracht ik hem zijn lunch. Die was zeer eenvoudig; een lamskoteletje en twee eieren, gewoonlijk zacht gekookt. Hij at elke dag hetzelfde, maar stond erop dat ik het eten zelf bracht. Hij leek erg wantrouwig. Om vijf uur liep hij langs de Seine en ging naar het Régence-café waar hij zichzelf goed inpakte in een enorme winterjas waarvan de kraag zelfs zijn oren bedekte. Zo gekleed kreeg hij iets indrukwekkends. Toch was hij niet erg dik, maar wel erg lang en breedgeschouderd en dat verklaart ook waarom hij ongeveer tweehonderd kilo woog. Hij dineerde altijd in het Café de Paris'.

## *Thomas Wolfe*

'Er is geen mooier gezicht op aarde dan het zien van een vrouw die een diner maakt voor degene van wie ze houdt.'

*Oscar Wilde*

Hoofdstuk 3

# 124 Beroemde Parijse namen

## wie, wat en waar in Parijs

In het jaar 1765 hing soepverkoper Boulanger boven zijn zaak in de Rue Poulies een bord met de tekst: 'Boulanger débite des restaurants divins'. Hij voegde daar nog een mooi Latijns opschrift aan toe: 'Venite ad me, vos qui stomacho laboratis et ego restaurebo vos': Kom naar mij, u wier maag knort en ik zal u genezen.
Het was de geboorte van het woord restaurant. Boulanger, die geen lid was van het traiteursgilde, mocht alleen soep verkopen. Toen hij in al zijn ijver begon met schapepootjes in een witte saus werd hij door zijn concurrenten onmiddellijk aangeklaagd. Het werd een beroemde rechtszaak. De rechter gaf Boulanger gelijk en zijn 'restaurant' werd een groot succes.
Toch was zijn restaurant niet wat wij nu onder een restaurant verstaan. In die tijd haalde men het eten op en nam het mee naar huis.
Tijdens de Franse revolutie waren de strenge regels wat verwaterd en toen de revolutie eenmaal voorbij was kwamen er zoveel restaurants bij dat niet alleen de rijken, maar ook de armen hun eethuizen hadden.
Voor de revolutie kende men voornamelijk de 'table d'hôte'. Hotels met een keuken, waar men voedsel kon bestellen dat men op zijn hotelkamer of thuis opat. Zo bestelde Nana uit Zola's gelijknamige boek een diner bij Brébant-Vachette, een beroemd restaurant waar o.a. Edmond de Goncourt en Théophile Gautier kwamen.
In die tijd verscheen ook al het eten tegelijk op tafel. Pas later in de 18e eeuw deed de 'service à la Russe' zijn intrede. Het voedsel werd bewerkt, voorgesneden, 'opgemaakt' en

per gang geserveerd. Pas toen werd er ook in restaurants aan aparte tafeltjes gegeten.

## *Le Procope*

Het alleroudste café-restaurant dat nog steeds op dezelfde plek te vinden is, is 'Le Procope', dat in 1686 door de Siciliaan Procopio dei Coltelli werd geopend in de Rue de l'Ancienne Comédie. Aanvankelijk was het een gelegenheid waar men koffie en ijs gebruikte. Le Procope werd door veel beroemdheden bezocht: Molière, Voltaire, Danton, Balzac, Diderot, La Fontaine.

Alexandre Dumas vermeldt in zijn Grand Dictionnaire dat de 'Florentijn' Procope voor het eerst in Frankrijk in dit café ijs introduceerde.

Het interieur van Le Procope is sinds de verbouwing ingrijpend gewijzigd. Men heeft er ruimtes bijgetrokken, kroonluchters opgehangen en de oude, wat morsige sfeer is geheel verdwenen. Ter herdenking/viering van de Franse revolutie is er een speciaal 'revolutionair menu' gecreeërd.

## *La Tour d'Argent en Café Anglais*

De Tour d'Argent was in 1582 een kleine herberg die tegenover de Notre Dame lag. Er bestaat een anekdote over de Franse koning Henri IV die daar enige Italiaanse bezoekers hun vlees met een vreemd instrument, een vork, zag eten.

Aan het hof introduceerde hij vervolgens een ivoren vork met drie tanden.

Het volk vond het eten met een vork maar aanstellerij: een mens heeft immers twee natuurlijke vorken aan zijn armen zitten!

Madame de Sévigné vermeldde de Tour d'Argent in haar brieven en ook Alexandre Dumas heeft dit restaurant als locatie in een van zijn boeken gebruikt. George Sand ontmoette er Alfred de Musset.

Wie beroemdheden wil zien moet naar de Tour d'Argent

aan de quai de Tournelle. Helaas is het nu te laat om daar Maria Callas, Charlie Chaplin, Rita Hayworth, Evita Perron en Maurice Chevalier te ontmoeten.
Orson Welles was een vaste bezoeker van de Tour. Op een dag liet eigenaar Claude Terrail voor de grap een lepel ijs in de soep van Welles glijden. Orson Welles begint aan de soep en ziet opeens het ontstelde gezicht van Terrail. 'Is er iets?' vraagt hij. Terrail ontkent en snelt naar de keuken. Enkele minuten later keert hij terug en weer vraagt Welles wat er aan de hand is. Claude Terrail vertelt hem dat zijn soep niet is klaargemaakt zoals het hoort en dat hij tot zijn spijt kok Pierre Descreux, ondanks 15 jaar trouwe dienst en vier kinderen, heeft ontslagen, omdat zijn fout onvergeeflijk is.
Orson Welles protesteert maar Claude Terrail houdt voet bij stuk. Er is niets meer aan te doen, het ontslag is aangezegd.
Orson Welles staat op en vertrekt naar de keuken waar hij Pierre Descreux, die van niets weet, in de armen sluit en hem zegt voor hem en zijn gezin te zullen zorgen in de toekomst. Pierre Descreux verstaat geen woord Engels, kijkt zijn baas verbijsterd aan. Terrail mompelt slechts dat Amerikanen nu eenmaal stapelgek zijn.
Claude Terrail is sinds 1847 eigenaar van de Tour d'Argent. Zijn vader André Terrail werkte op aanbeveling van de beroemde kok Escoffier in het Café Anglais, dat in 1802 werd geopend. André huwde de dochter van de eigenaar. Aan dit huwelijk hebben we te danken dat de wandbekleding van de beroemde 'Salon de Grand Seize' van het Café Anglais, dat in 1913 sloot, werd overgebracht naar de Tour d'Argent.
Deze 'Salon' was een privé-eetzaal op de tweede verdieping van het restaurant waar mensen van adel en koninklijke bloede hun vrienden en vriendinnen ontvingen. De wandbekleding bevindt zich nu in de privévertrekken van Claude Terrail.
La Tour d'Argent is gespecialiseerd in eend-gerechten en wie er eend bestelt krijgt bij zijn gerecht een ansichtkaart met daarop het nummer van de eend gedrukt. Koningin Elisa-

beth had in 1948 eend nr. 185397. Ik had in februari 1989 voor de lunch eend nr. 710660, klaargemaakt volgens het oude recept van Frédéric Delair, de uitvinder van de 'Caneton Tour d'Argent.'

Zo'n lunch-menu kost ongeveer 350 francs. 's Avonds is het dineren aanzienlijk duurder en moet men op zo'n 800 francs per persoon rekenen. Daarbij is de wijn niet inbegrepen. Vrouwen krijgen er – nog steeds – een menu zonder prijzen.

Aan de overkant van het restaurant is een winkel waar je van alles kunt kopen: servetten, tafelkleden, serviesgoed, schorten in twee soorten (plastic of een blauw katoenen schort met in het wit 'La Tour d'Argent' er op geborduurd), zilveren gegraveerde bekers, waaruit men aan tafel mineraalwater drinkt, potjes honing en een op zilver karton gedrukt menu, meer kitsch dan sjiek, zonder prijzen.

Het uitzicht in het restaurant over het Ile de la cité en de Notre Dame is prachtig, de bediening vriendelijk, hoewel de sommelier met zijn wijnbijbel wat hooghartig weet te kijken, een stropdas voor de heren noodzakelijk (maar eventueel te lenen) en je wordt door Claude Terrail, die rondloopt, vriendelijk toegeknikt.

Ook bij dit restaurant geldt: je betaalt niet alleen voor het eten, maar ook om in de gang naar het liftje de handtekeningen van beroemde gasten – van John Travolta tot John Kennedy – te mogen zien. De handtekeningen van Koningin Elisabeth en Keizer Hirohito van Japan zijn in een aparte glazen vitrine te bewonderen.

Op weg naar het restaurant kom je de gedekte tafel waaraan in 1864, toen het restaurant nog Café Anglais heette, Keizer Wilhelm van Duitsland en Tsaar Alexander II van Rusland met zijn zoon zaten onder een reuzen perspex stolp tegen.

## *La belle Otéro*

Courtisanes als 'La belle Otéro', Liane de Pougy en Cora Peral waren vaste bezoeksters van de Salon de Grand Seize. Men zegt dat aan het eind van een diner vier obers met een reusachtige schaal binnenkwamen, begeleid door muziek.

Nadat de deksel van de schaal was opgetild zagen de gasten een naakte Cora Pearl. Volgens sommigen was zij overdekt met een roze saus. Volgens anderen was zij echter 'nature'.
Liane de Pougy werd eens gevraagd wat ze vond van de courtisanes Otéro en Cavalieri. Ze antwoordde: 'Als Cavalieri juwelen draagt lijken ze vals en als Otéro valse juwelen draagt zien ze er echt uit'.
'La belle Otéro', de beroemdste courtisane, danseres, minnares die ooit bestond, werd als Augustine Carolina Otéro in 1863 in Spanje geboren. Men zegt dat ze verhoudingen had met Koning Leopold II van België, Prins Nicolaas I van Rusland, Koning Alfonso XII van Spanje, Sjah Mussafar ed Din van Perzië, Keizer Wilhelm van Duitsland en Koning Edward VII van Engeland. Een van haar bijnamen was 'La grande horizontale'.
Een nacht met Otéro kostte 10.000 dollar, maar ze liet zich het liefst in juwelen uitbetalen. Ze verloor echter veel geld bij het gokken. Baron Lepic zou haar in natura betaald hebben: hij nam haar mee in een luchtballon en zwevend boven Parijs bedreven zij de liefde. Mannen pleegden om haar zelfmoord. In bed waren de voeten van Otéro voorzien van ringen met smaragd. Haar collectie juwelen was gigantisch. Om een rivale de loef af te steken ging zij eens naar de opera zonder een enkele ketting of ring om. Maar achter haar liep een dienstbode met om haar hals alle halssnoeren van madame en in haar handen droeg zij een rood fluwelen kussen met daarop alle tiara's, brochejes, ringen en andere juwelen, die la belle Otéro die avond niet had willen dragen.

## *Liane de Pougy*

In het dagboek van de gebroeders de Goncourt (Arbeiderspers 1986) lezen we op vrijdag 11 mei 1894:

'Daarna spraken we over Liane de Pougy, wier verfijnde, elegante schoonheid hij (Lorrain) vergeleek met de rijzige, gebogen gratie van een figuur uit de heraldiek, terwijl hij me weer de Parijse roddel vertelde dat Meilhac (een toneelschrijver) 80.000 francs zou hebben betaald, alleen maar om haar naakt te mogen zien.'

Liane de Pougy schreef een autobiografie *Mes cahiers bleus*. Ze huwde prins George Ghika en stierf als non.
Lina de Pougy meldde in haar dagboek/autobiografie over het bezoek van haar vriendin Nathalie Barney:

'Zij verheerlijkte mijn lichaam tot aan de taille. Dat is alles wat ik mijzelf toesta. De rest behoort toe aan George en niemand anders mag de rest aanraken. Dat zou de zonde te groot maken.'

Op 12 december 1919 noteerde Liane de Pougy het volgende:

'De Prix Goncourt is toegekend aan Marcel Proust. Alle stemmen gingen naar *A l'ombre des jeunes filles en fleurs*. Ik ben bezig het te lezen. Het is compact, moeilijk om door te komen, gedetailleerd. Het is erg goed. Op iedere bladzij kun je iets meesterlijks aantreffen.'

In 1840 verzamelden de rijken en artiesten zich in 'La Grange-aux-belles' op de Boulevard des Capucines. Later werd op diezelfde plek het Café de la Paix gebouwd en toen in 1885 de Opéra klaar was, werd dit hét adres voor intellectuelen. Men kon er de Maupassant, Zola, Massenet en later Gide, Valéry en Louys aantreffen.
De twee broers de Goncourt schreven over het Café de Paris (dat ook wel Café Riche heette): 'Café Riche schijnt de vaste verblijfplaats te zijn van literatoren met handschoenen aan.'
Maar het Café de Paris, dat in 1822 werd geopend, bestond niet lang. De eigenaar van het gebouw, waarin het Café zich bevond, eiste dat het café 's avonds om 10 uur zou sluiten, waarna het 1858 werd gesloten.
Sinds 1905 vergaderen en lunchen de leden van de Académie Goncourt eenmaal per maand in Restaurant Drouant op de Place Gaillon. Elk jaar maken de tien leden van de Academie in de maand november bekend wie dat jaar de Prix Goncourt, genoemd naar de broeders Edmond en Jules de Goncourt, gewonnen heeft.

## *Moulin Rouge*

Wie de naam Moulin Rouge hoort of ziet denkt meestal aan

blotig ballet. Vroeger was het restaurant van de Moulin Rouge iets voor fijnproevers. Een van de beroemdste koks die Frankrijk ooit gekend heeft is bij de Moulin Rouge begonnen: Auguste Escoffier creëerde er o.a. zijn 'Sauce Diable' en 'Sole Lutèce'.
Vaste bezoekers van de Moulin Rouge waren de gebroeders de Goncourt, Emile Zola, Alphonse Daudet en natuurlijk de schilder van de Moulin Rouge de Toulouse Lautrec, die o.a. een van de bekendste danseressen 'La Goulue', vereeuwigde.

## *Le Lapin Agile*

Het café Le Lapin Agile werd bezocht door Picasso, Apollinaire, Modigliani, Severini, Poulbot, Utrillo. Oorspronkelijk was 'Le Lapin' een traiteur en heette het 'Cabaret des Assasins', omdat er veel bloedige vechtpartijen plaats vonden. Het cabaret werd overgenomen door Frédéric Gérard en de atmosfeer veranderde. Gérard droeg gedichten voor en zong liedjes waarbij hij zichzelf op de gitaar begeleidde.
Aanvankelijk betekende het woord 'cabaret' dat je er iets kon eten en drinken. Het oudste cabaret 'La pomme de pin' is van ongeveer 1400 en werd bezocht door Rabelais, Villon, Molière en Racine.

Restaurants werden beroemd dankzij voortreffelijke koks, die gerechten verzonnen. Soms kregen die gerechten de naam van een beroemde gast.
Ik geloof niet dat er in Nederland ooit een gerecht naar een beroemd vaderlander, naar bijvoorbeeld Christina Deutekom, Ank van der Moer of Harry Mulisch, is genoemd.
In Frankrijk en Engeland deed men dat anders.

## *Gerechten van naam*

Naar Sarah Bernhardt werd een roereigerecht genoemd en een toetje met aardbeien en likeur.

We kennen de Filets de sole Murat, Fraise Romanoff, Sauce Mornay (een kaassaus genoemd naar Philippe Mornay, eerste minister onder Henri IV), Sauce Béchamel (genoemd naar Markies Louis de Béchameil), Pêches Melba (naar de zangeres Nellie Melba).
Gerechten waar bloemkool in is verwerkt heten vaak naar Jeanne Bécu de Barry (1743-1793) (bloemkool Dubarry).
Er is Lady Curzon (schildpad)soep, een Holstein schnitzel, de Consommé Colbert, de door Lord Sandwich uitgevonden dubbele boterham.
Aardappelgerechten worden vaak genoemd naar Antoine August Parmentier (1737-1813), die de aardappelcultuur bestudeerde. Een 'Potage Parmentier' is dus altijd een soep waar (ook) aardappel doorheen zit.
Richelieu gaf zijn naam aan een kwartelgerecht, Voltaire aan een omelet, Talleyrand aan gevulde kip, keizerin Joséphine aan de 'oeufs en cocotte'.
Alexandra aan een bouillon, Balfour aan een eiergerecht met kaviaar en artisjokkenbodems.
Brantome én Balzac én Dumas hebben allen een tarbotgerecht op hun naam staan.

De naam van Auguste Escoffier is al gevallen. Escoffier (1847-1935) begon zijn culinaire loopbaan in het restaurant van een oom in Nice. Tijdens de Frans-Duitse oorlog was hij chef de cuisine van de generale staf. Behalve in de Moulin Rouge werkte hij ook in het Savoy-hotel en het Carltonhotel in London. Escoffier heeft een ware revolutie in de kookkunst teweeggebracht: zijn keukens waren eenvoudig en doelmatig en in plaats van de gebruikelijke, ingewikkeld opgemaakte en daardoor snel afgekoelde schotels propageerde hij het gebruik van dekschalen. Escoffier bedacht o.a. de gerechten 'Bombe Aïda' en de 'Pêches Melba'. Zijn geboortehuis in Villeneuve is nu een culinair museum.
In Nederland verscheen een vertaling van *Ma Cuisine* met als ondertitel *Escoffier voor iedereen.* Toch is koken uit dit boek niet zo eenvoudig als de titel ons wil laten geloven.

In *Ma cuisine* komen een aantal beroemde namen voor: Rossini, Brillat-Savarin, Richelieu, Rigoletto, Talleyrand, Grimaldi, Murat, Romanoff, Metternich, Orloff, Visconti e.a.
Jean Anthelme Brillat-Savarin (1755-1826) werkte 25 jaar aan een klassiek geworden boek over de gastronomie: *La physiologie du goût, ou méditations de gastronomie transcendante*.
Brillat-Savarin was jurist. Zijn boek bestaat uit filosofische bespiegelingen over de kookkunst, herinneringen, recepten. Zijn aforismen zijn wereldberoemd. Denk maar aan: 'Zeg me wat je eet en ik zal je zeggen wat je bent.'
En: 'Een dessert zonder kaas is als een mooie vrouw met één oog.'

Edouard de Pomiane (1875-1964) was van Poolse origine. Hij werkte als voedingsdeskundige aan het Institut Pasteur. Hij hield erg van koken en had een wekelijks radioprogramma 'Radio Cuisine', waarin hij mensen aanried eenvoudig en minder overdadig te eten. In 1930 verscheen zijn kookboek *La cuisine en dix minutes*, later in het Nederlands vertaald onder de titel: *Koken in 10 minuten*.
Zijn recepten zijn eenvoudig en goed te volgen.
Neem zijn recept voor gebakken schar:

'De reeds schoongemaakte schar wassen, afdrogen en door de bloem halen. Vervolgens in de koekepan in de hete boter bakken. Zout erover strooien en met een schijfje citroen opdienen.'

Curnonsky is het pseudoniem van Maurice Edmond Sailland (1873-1956). Het komt van Cur non (latijn: waarom niet), waarachter de quasi-Russische uitgang -sky is geplakt.
Curnonsky was wat men tegenwoordig een culinair journalist noemt. Hij schreef culinaire artikelen en kritieken, kookboeken, een atlas van de Franse gastronomie in 32 delen en richtte het tijdschrift *Cuisine et vins de France* op. Hij stichtte de Académie gastronomique met 40 zetels, in navolging van de Académie Française.
In 1927 gaf men Curnonsky de eretitel 'Prins der gastronomen'. Curnonsky's vrienden noemden hem ook wel 'Cur' of 'Prins Cur'. Curnonsky onderscheidde vier stromingen in

de Franse keuken: 1. la haute cuisine, 2. la cuisine bougeoise, 3. la cuisine régionale en 4. la cuisine improvisée.
Ooit vertelde hij wat zijn ideale kerstmenu was: Paté de foie gras de Strasbourg en croûte. Belon oesters. Gans met kastanjevulling en truffels. Salade angevine (een salade uit Anjou, zijn geboortestreek). Kaas en fruit toe.

## *Les deux magots – Café de Flore*

Een paar beroemde restaurants van later datum mogen we niet vergeten. Wie kent niet de namen La Coupole, Les Deux Magots en Café de Flore?
Op het terras van Les deux Magots werd (zegt men) het existentialisme geboren. Men kon er Jean-Paul Sartre en Simone de Beauvoir aantreffen, vaak omringd door vrienden en bewonderaars en nauwkeurig gadegeslagen door de gasten op het nabijgelegen terras van Café de Flore.
De naam Les deux Magots komt van twee Chinese porceleinen figuren, die in het café te vinden zijn en die oorspronkelijk in een zaak voor herenonderkleding stonden.

## *La Coupole*

La Coupole werd in 1927 geopend door René Lafon. Dagelijks werden er zo'n 50 dozijn slakken, 500 steaks, 20 kilo krab, 130 porties zuurkool en een paar duizend oesters gegeten. Men kon tijdens het eten de New York Times, de Pravda of een andere buitenlandse krant van de leestafel pakken.
In die tijd was La Coupole, gelegen op de Boulevard du Montparnasse dag en nacht geopend. Er kwamen veel kunstenaars (De Vlaeminck, Derain, Brancusi, Dali). Sommige kunstenaars konden hun maaltijden niet betalen en beschilderden in ruil daarvoor de 24 pilaren in het restaurant. Men kon er naast James Joyce, Lawrence Durrell, Henry Miller, Samuel Beckett, Aldous Huxley en Anaïs Nin komen te zitten, maar ook naast Brigitte Bardot, Alberto Giacometti,

David Hockney, Andy Warhol, Mick Jagger, F. Scott Fitzgerald, Catherine Deneuve, Jean-Pierre Léaud, Yves Saint-Laurent, Roman Polanski, Françoise Sagan en Karl Lagerfeld.

La Coupole is enige tijd gesloten geweest vanwege bouwwerkzaamheden. Gelukkig werd de brasserie tot historisch monument verklaard en is het interieur bewaard gebleven en gerestaureerd. Eind 1988 ging La Coupole, onder leiding van een nieuwe eigenaar, weer open, en men kan er nu van 's morgens vroeg tot 2 uur 's nachts terecht.

Dagelijks wordt er weer zo'n zesduizend oesters, tweehonderdvijftig krabben en vijftig kilo kreeft verorberd. De sfeer in het restaurant is geanimeerd en lawaaiig. Het is alsof je met honderden mensen tegelijk in een zwembad zit te eten. Toen ik er na de heropening was (februari 1989) lieten hollende obers tot drie maal toe een groot dienblad met glas- en serviesgoed vallen, waarop luid applaus uit de zaal opklaterde.

Eten in La Coupole is niet alleen eten, het is ook theater.

De schrijver Jean-Paul Sartre kwam vaak in La Coupole. Hij schreef er o.a. brieven aan Simone de Beauvoir, die hij 'Castor' noemde:

'Mei 1937 zondag 11 uur
Beminnelijke Castor,

Het is betrokken maar het weer klaart op. Ik ben in La Coupole, vanzelfsprekend. De zaal zit vol echte jonge meisjes omdat het Eerste Communie is. Ze vergezellen warm in witte mousseline ingepakte kleine meisjes en ik denk dat ze de jurken dragen die ze aanhadden toen ze vorig jaar bruidsmeisje waren.'

'juli 1938 zondag
Beminnelijke Castor

Het is ongeveer acht uur. Ik zit in La Coupole en heb juist een flinke runderkotelet met sperziebonen en een stuk taart gegeten en ondertussen een detective gelezen...'

# Menu

CONSOMMÉ AUX PROFITEROLES
*'La Grange aux belles'*

CHATEAUBRIAND À LA POMIANE
*Edouard de Pomiane*

AARDAPPELS IN MORNAY-SAUS À LA POMIANE
*Edouard de Pomiane*

SALADE ANGEVINE
*Curnonsky*

PÊCHES MELBA
*Auguste Escoffier*

*La belle Otéro*

## CONSOMMÉ AUX PROFITEROLES *
## *à la 'La Grange aux belles'*

De consommé was omstreeks 1840 een nieuwe creatie van de kok van La Grange.

*1 liter kippebouillon, zelfgetrokken*
*4 soesjes gevuld met mousse van kippevlees*
*spinazieblaadjes, fijngesneden*
*andijviebladen, fijngesneden*

Trek een kippebouillon van kip en groenten (1 ui, 1 wortel, een stuk prei, bleekselderij, peterselie e.a. kruiden). Zeef de bouillon.
Reken per persoon op 1 royale soes of 2 kleintjes. Men kan lege soesjes bestellen bij de banketbakker of ze zelf maken: er bestaat 'soezendeeg' in een pak. Hier en daar zijn ook diepvriessoezen te koop.
Bak 1 kipfilet gaar in wat boter. (De stukken kip waarvan de bouillon getrokken is zijn smakeloos en onbruikbaar). Maal het vlees fijn in een keukenmachine met wat zout en peper en een scheutje room. Vul hiermee de soesjes. Doe, vlak voor het opdienen, de héél fijn gesneden blaadjes spinazie en andijvie in de bouillon. Serveer de soep en leg in iedere kom of bord 1 à 2 gevulde soesjes.

## CHATEAUBRIAND À LA POMIANE
## *Edouard de Pomiane*

Bij dit gerecht slaan wij 4 beroemde vliegen in één klap. Nummer 1: Chateaubriand. François René Chateaubriand (1768-1848) Vicomte (burggraaf), staatsman en romancier, amant van Madame Récamier. Van 1821-1824 minister van buitenlandse zaken. Zijn lijfkok Montmireil zorgde ervoor dat het hem op culinair gebied aan niets ontbrak.
Het allermooiste deel van de ossehaas is naar Chateaubriand genoemd.
De tweede beroemdheid is Edouard de Pomiane.

De derde is Louis de Béchameil (Béchamel). Markies en financier. Hij leefde in de tijd van Louis XIV en naar hem is de witte sauce béchamel genoemd.
En de vierde beroemdheid is de eerste minister onder Koning Henri IV en een echte gastronoom: Philip Mornay.

Dr. Edouard de Pomiane vertelt in zijn boek *Koken in 10 minuten* hoe je het beste een chateaubriand kunt bakken:

'Laat de biefstuk van de haas in gloeiend hete boter bakken. Drie minuten op de ene kant en drie minuten op de andere kant. Dan zout erover strooien en de chateaubriand op een warm bord leggen.'

De Pomiane beveelt gebakken aardappelen aan bij de chateaubriand.
Wij maken echter (ook naar een recept van de Pomiane):

### AARDAPPELEN IN MORNAYSAUS *

'Neem gekookte aardappelen en snij deze in dunne plakken. Maak een béchamelsaus en roer er Gruyèrekaas door. Dan wordt het een 'sauce Mornay'. Leg de aardappelschijven in de saus. Warm ze voorzichtig op, maar pas op voor aanbranden.'

### BÉCHAMELSAUS:

'Zet een pannetje met een klontje boter op het gas. Laat de boter smelten en voeg er een lepeltje bloem bij. Doe daar terwijl u met de garde roert, met kleine scheutjes tegelijk koude melk bij totdat de gewenste dikte is verkregen. Ongeveer één glas melk is voldoende. Nog wat zout en een snufje peper toevoegen en de saus is klaar.'

Een Mornaysaus wordt het door er nog 75 gram geraspte Gruyèrekaas doorheen te roeren en die te laten smelten.

### SALADE ANGEVINE *
*Curnonsky*

Deze lievelingssalade van Curnonsky wordt gemaakt met bladen krulandijvie en/of paardebloemblaadjes, kleine blokjes Gruyèrekaas, een vinaigrettesaus van olie en héél weinig azijn en bonekruidblaadjes.

## PÊCHES MELBA *
### *Auguste Escoffier*

Auguste Escoffier creëerde dit dessert speciaal voor de Australische zangeres Nellie Melba, naar wie overigens ook die hele dunne toastjes genoemd zijn.
Op een dag wandelde Nellie Melba door Parijs. Ze werd aangesproken door een grote, slonzig geklede man, die haar aldus aansprak: 'Madame Melba, u weet misschien niet wie ik ben. Ik ben Oscar Wilde en ik ga iets vreselijks doen. Ik ga u om geld vragen.'
Nellie Melba pakte al het geld dat zij bij zich had en gaf het hem, zij herinnerde zich hun allereerste ontmoeting van vele jaren daarvoor. Oscar Wilde had toen tegen haar gezegd:

'Madame Melba, ik ben een Lord van de taal, maar u bent de Koningin van de zangkunst; daarom zal ik een sonnet voor u moeten schrijven.'

(Uit: *Oscar Wilde* van Richard Ellman.)

De letterlijk tekst van Escoffiers recept voor pêches melba luidt:

*zachte perziken*
*poedersuiker*
*vanilleijs*
*gezoete frambozenpuree*

De perziken ontvellen zoals in het recept voor pêches Adrienne is aangegeven.† Op een schotel leggen. Bestrooien met poedersuiker en koel wegzetten.
Het ijs in een timbaal of kristallen schaal scheppen, daarop de uitgelekte perziken schikken en bedekken met frambozenpuree. Tijdens het amandelseizoen kunnen de perziken met vers geschaafde amandelen bestrooid worden. Voor dit recept mogen geen gedroogde amandelen gebruikt worden.

---

† perziken even laten schrikken in kokend water, direct in ijswater leggen en ontvellen.

*De gebroeders Goncourt*

# EXTRA RECEPTEN EN CITATEN

*J.A. Brillat-Savarin*

'Gevogelte is voor een kok, wat linnen is voor een schilder.'

'De ontdekking van een nieuw gerecht maakt de mens gelukkiger dan de ontdekking van een ster.'

## CHARLOTTE RUSSE

*Marie-Antoine Carême*

... leefde van 1784 tot 1833. Hij begon op 15-jarige leeftijd als hulpje in de keuken. Werd uiteindelijk chefkok bij Tsaar Alexander I in Sint-Petersburg. Carême vond de Charlotte Russe uit:

*ongeveer 20 lange vingers*
*100 gram suiker*
*4 eierdooiers*
*1 dl. frambozenpuree*
*2 dl. melk*
*1 dl. crème fraîche (of slagroom)*
*1 vanillestokje*
*ongeveer 10 gram gelatinepoeder*
*3 dl. slagroom*
*2 eetlepels poedersuiker*
*2 theelepels vanillesuiker*

Zet de lange vingers met de besuikerde kant tegen een hoge vorm aan met een middellijn van ongeveer 12 cm. Maak een bavaroisvulling:
Leg het vanillestokje een half uur in de melk, die tegen de kook aan wordt gehouden. Verwijder het stokje. Klop eierdooiers en suiker schuimig. Doe hier een beetje warme melk bij en klop alles goed door. Giet dit mengsel terug in de pan. Blijf roeren tot het lobbig wordt. Doe het vuur uit en klop de gelatine door dit mengsel. Laat het afkoelen en schep er, voordat het te stijf wordt, de crème fraîche (of geklopte slagroom) door én de frambozenpuree. Giet deze ba-

varoisvulling in de vorm en laat de Charlotte verder opstijven. Carême keerde de Charlotte Russe om op een ronde zilveren schotel en legde er in kirsch gemarineerde frambozen omheen, waarover suiker werd gestrooid.

### *Een 21-sterren diner*

In oktober 1987 werd in het Grosvenor House in Londen door Louis Outhiers een galadiner georganiseerd. Het diner werd gemaakt door 6 beroemde Franse koks, allen eigenaar van een restaurant met 3 sterren.
Samen met Louis Outhiers, ook goed voor 3 sterren, werd die avond dus een record van 21 sterren gehaald.

George Blanc maakte de amuse-gueule, het hapje vooraf: een foie gras-tomaat mengsel, geserveerd in een eierdopje.

Alain Chapel voorzag de gasten van een salade, gemaakt als voorgerecht met rivierkreeftjes en duiveborst met postelein.

Jacques Pic maakte: étuvée de blanc de turbot parfumée aux truffes la Drôme (tarbotfilets met truffels).

Paul Bocuse maakte: Suprême de volaille de Bresse aux champignons des bois et gratis dauphinois (kippeborst in roomsaus met wilde champignons en met kaas gegratineerde aardappel).

Pierre Troisgros zorgde voor de kaas.

Charlyne Byse en haar dochter Sophie Talloires maakten een 'Marjolaine', een chocoladepudding.

De muziek werd verzorgd door een orkest van 'Chasseur Alpins'. Onder de gasten waren Bernard Pivot (van het literaire televisieprogramma 'Apostrophes'), Sacha Distel (zanger), Julian Barnes (schrijver van o.a. het boek *Flaubert's papegaai*) en Paul Levy, die in het Engelse weekblad The Observer over eten schrijft.

## SAUCE À LA RUSSE *
*Urbain Dubois*

*4 eetlepels zure room*
*2 eetlepels wijn of appelazijn*
*zout, peper, suiker*
*verse dille of geraspte mierikswortel*

Roer alles door elkaar. Deze Russisch-Franse saus past goed bij allerlei soorten salades met b.v. komkommer, tomaten of bieten, maar ook bij b.v. zure haring.

## POTAGE PURÉE DE POMMES DE TERRE PARMENTIER *
*Antoine-Auguste Parmentier (1737-1817)*

*2 preien*
*500 gram aardappelen*
*1 liter bouillon*
*25 gram boter*

Snijd het wit van de preien in ringen en smoor ze in boter. Schil de aardappelen, snijd ze in blokjes en doe ze bij de prei. Giet hier 1 liter bouillon over en kook alles gaar. Wrijf het mengsel door een zeef. Roer 60 gram boter en enkele lepels crème fraîche door deze soep en strooi er wat fijngehakte kervelblaadjes over.
Geef er kleine, in boter gebakken, stukjes brood (croûtons) bij.

## FONDUE À LA MÈRE TANT PIS
*Edouard de Pomiane*

De Pomiane raadt aan deze fondue te maken in een vuurvaste aardewerken schaal met handvat, een caquelon. En:

'De tafel is gedekt. Voor elke gast staat een diep bord klaar met daarin 20 stukjes brood, elk zo groot dat men ze in één keer in de mond kan stoppen. Naast het bord een vork en een glas'.

*350 gram gruyèrekaas*
*300 ml. droge witte wijn*
*1 glaasje kirsch*
*1/2 theelepel aardappelmeel*
*witte peper, nootmuskaat*

Wrijf de caquelon in met een teentje knoflook. Snijd de kaas in kleine stukjes. Zet de pan op een niet te hoog vuur, schenk de witte wijn in de pan. Strooi er wat versgemalen witte peper op en doe er alle kaas in. Als de wijn kookt roer dan alles goed door elkaar. In het midden vormt zich een massa kaas, aan de randen is de wijn (om deze twee te mengen wordt door De Pomiane aardappelmeel gebruikt; in Nederland gebruikt men vaak maizena). Meng wat aardappelmeel met koude wijn aan en giet dit papje beetje bij beetje, al roerend, in de pan. Nu vermengen wijn en kaas zich. Tot slot een scheut kirsch. Nog één minuut laten koken. Zet de pan op een spiritusbrander op tafel en laat de fondue zachtjes bubbelen.

## SALADE NOTRE-DAME *

*La Tour d'Argent*

*1 krop sla*
*1 bosje waterkers*
*1 stronkje lof*
*1 handje veldsla*
*3 andijviebladen*
*1 gekookte biet*
*100 gram champignons*
*1 rode paprika*
*4 walnoten*
*olie*
*sherry of wijnazijn*
*1 citroen*
*zout*
*peper*
*peterselie*
*bieslook*

Snijd de onderkant van de harige steeltjes van de waterkers. Was voorzichtig alle verschillende slabladen. Schil de gekookte biet en snijd die in dunne plakken. Snijd de lof in 1 cm. brede stukken. Haal de steeltjes uit de champignons. Was de hoeden en de stelen, snijd ze in plakjes en besprenkel ze met citroensap, zodat ze niet verkleuren. Snijd de paprika in vieren, haal de zaadlijsten eruit en snijd de stukken in dunne repen. Hak de gepelde noten in stukjes. Snijd peterselie en bieslook fijn.
Maak een vinaigrettesaus van 4 delen olie op 1 deel azijn en roer er zout, peper, peterselie en bieslook door.
Doe alle groenten in een slabak. Op de bodem eerst de sla en andijviebladen, daarop de lof. Dan de waterkers, de veldsla, de bieten, de champignons en de paprika. Strooi de noten over de sla en schep tenslotte op het laatste moment de vinaigrettesaus door de sla.

*Sarah Bernhardt*

Hoofdstuk 4

# Wereldberoemd in België

## recepten uit de toneel-, muziek- en kunstwereld

Benjamin Franklin (1706-1790) zei: 'Wie niet vergeten wil worden na zijn dood moet dingen schrijven die het lezen waard zijn of dingen doen waarover geschreven wordt.'
Pas als mensen tijdens hun leven bekend en beroemd zijn wordt er op ze gelet en vindt men het interessant wat ze doen, waar ze komen, hoe ze wonen, wat ze vinden, wat ze eten en drinken en wordt wat ze maken zorgvuldig bewaard.
Door de uitvinding van de film, de radio en de televisie is er in de loop der tijden wel wat veranderd. Er zijn zo vreselijk veel beroemde mensen bijgekomen.
Vijfendertig jaar geleden spaarde je van die lelijk gekleurde filmsterrenplaatjes die bij de kauwgom verpakt zaten.
Al had je nog geen enkele film met Roy Rogers of Doris Day gezien (je ging eenmaal per jaar naar de bioscoop en Amerika leek oneindig ver weg), toch hadden die plaatjes iets magisch en je ruilde twee gewone Doris Days voor één bijzondere foto van Doris en Haar Been In Het Gips.

Sammy Davis jr. merkte over roem op: 'Een man die met z'n mond trekt is gewoon een man met een tic, behalve als hij Humphrey Bogart heet.'
In het Franse literaire televisieprogramma 'Apostrophes' van Bernard Pivot liet Jeanne Moreau een kookboek zien en meldde ze en passant dat een van haar lievelingsgerechten een garnalencocktail van verse rode grapefruit en grote garnalen is. Hier was sprake van driedubbele roem: een actrice tevens filmster óp de televisie.

Misschien is televisieroem de hoogste en soms ook kortstondigste roem die je in Nederland kunt bereiken. Als er een lijstje van bekende Nederlanders wordt gepubliceerd dan zijn het bijna allemaal namen die we kennen van de televisie. 'Beroemdheid: het voordeel dat mensen weten wie je bent, zonder je te kennen', zei Chamfort in 1805.

Beroemdheid is moeilijk te meten. Zo was Berend Boudewijn (die lang geleden een inmiddels vergeten, maar misschien wel het tot nu toe leukste kookprogramma op de Nederlandse televisie bracht) toen hij de 'B.B. kwis' presenteerde wereldberoemd in België.

Wie echter meespeelt in een internationaal uitgebrachte film is beroemd in Tokio, Milaan, Leeuwarden en Sao Paulo.

Een manier om er achter te komen hoe beroemd iemand is, is te kijken naar wat een produkt van zijn of haar hand opbrengt.

Wat brengen de kladschriften van Simon Carmiggelt op een veiling op?

Hoeveel is een schilderij van Van Gogh waard?

Wat betaalt Willem Nijholt voor een foto met handtekening van Diana Durbin?

Bij gebrek aan een telefoon werden er vroeger veel meer brieven geschreven. Tegenwoordig gaat veel kostelijke, triviale informatie verloren. Neem nu de brief die de componist Rossini, die al tijdens zijn leven zo beroemd was dat men zijn muziek op straat floot, aan zijn zuster schreef. Had hij gebruik kunnen maken van een telefoon dan waren we misschien wel nooit het volgende te weten gekomen:

> 'Ik heb de ouverture van Otello geschreven in een kamer in het huis van Barbaia, waar deze meedogenloze impressario met zijn kale kop mij gevangen houdt met als enig verzetje een bordje pasta per dag en met het dreigement mij gevangen te houden totdat ik de finale af heb'.

In een catalogus van 'l'Autographe S.A.', een antiquaraat in Génève, dat gespecialiseerd is in oude handschriften vond ik een aantal beroemde namen en bijpassende getallen in Zwitserse francs.

Allereerste de prijzen van de gesigneerde brieven:

| | |
|---|---|
| Tsaar Alexander III van Rusland | 640,-- |
| Honoré de Balzac | 2600,-- |
| Hector Berlioz | 950,-- |
| Marc Chagall | 550,-- |
| Victor Hugo | 420,-- |
| Lillie Langtry | 90,-- |
| Franz Liszt | 2600,-- |
| Claude Monet | 775,-- |
| Jean-Paul Sartre | 750,-- |
| Emile Zola | 1200,-- |
| Een brief van Rossini aan de directeur van het Théatre Italien in Parijs, Severini | 1200,-- |

De handtekening van Napoleon staat genoteerd voor 2250 francs. Die van Louis XIV voor 1800,--, van Madame de Maintenon voor 900,-- en van Marie Antoinette voor 3750,--. Een gesigneerd visitekaartje van Maria Callas kost 200 Zwitserse francs.
Uiteraard hangt de prijs van de brieven o.a. af van de lengte van de brief, de inhoud, de kwaliteit van het papier en de persoon aan wie de brief gericht is. Gesigneerde portretten:

| | |
|---|---|
| Josephine Baker | 300,-- |
| Brigitte Bardot | 140,-- |
| Sarah Bernhardt | 200,-- |
| Enrico Caruso | 750,-- |
| Charlie Chaplin | 220,-- |
| Adolf Hitler | 2850,-- |
| Shaj Mohamed Reza Pahlavi | 320,-- |
| Paus Johannes Paulus | 1850,-- |
| Grace Kelly | 400,-- |
| Stan Laurel en Oliver Hardy | 650,-- |
| Richard Nixon | 300,-- |
| Anna Pavlova | 550,-- |
| Elvis Presley | 550,-- |
| G. Puccini | 500,-- |
| Margaret Thatcher | 200,-- |

Rossini logeerde in 1815 bij de impressario Francesco Barbaia, met wie hij een contract gesloten had dat hij twee opera's per jaar zou maken, in Napels in het paleis van Barbaia. Barbaia hoopte dat Rossini daar de opera Otello zou afmaken. Aan het begin van de logeerpartij werd er heel wat afgedronken, gegeten en plezier gemaakt en van componeren kwam niet veel terecht. Dus sloot Barbaia Rossini in zijn kamer op.

Maar Rossini wist te ontsnappen. Hij gaf Barbaia vier muziekstukken waarboven geschreven stond: ouverture, 1e, 2e en 3e bedrijf. Later, toen Rossini al vertrokken was, bleek dat de partituur op alle bladen dezelfde was...

Gioacchino Antonio Rossini (1792-1868) was de zoon van een trompettist-hoornist. Hij studeerde in Bologna piano en cello. Zijn eerste opera 'La cambiale di matrimonio' werd in 1810 in Venetië opgevoerd. Tussen 1810 en 1829 schreef Rossini 37 opera's (maar hij bewerkte wel oude opera's tot nieuwe). Zijn beroemdste opera 'Il barbiere di Siviglia' schreef hij in 13 dagen.

In 1824 kreeg hij in Parijs de leiding van het Théatre Italien. Zijn succesvolle composities voor dit theater bezorgden hem in 1826 de benoeming tot 'premier compositeur du Roi' en 'Inspecteur-général du chant en France'.

Behalve deze eer kreeg hij ook nog een jaargeld van 20.000 francs. Op zijn 37ste stopte Rossini met zijn carrière en trok zich terug. Hij reisde rond en componeerde alleen nog maar zijn 'Stabat Mater' en wat kleinere werken voor koor en piano- en kamermuziek.

In 1855 vestigde hij zich definitief in Parijs, waar hij op zijn beroemde 'jours' door iedereen werd bezocht die mee wilde tellen op cultureel, diplomatiek of financiëel gebied.

Rossini stond bekend als een lekkerbek. Er is één gerecht dat zijn naam draagt: de Tournedos Rossini: een tournedos met een plak ganzelever erop. Rossini was vooral dol op pasta. In een brief uit Parijs aan een vriend in Napels beklaagde hij zich eens over het niet aankomen van de door hem in Italië bestelde pasta. Hij ondertekende zijn brief met: 'G. Rossini, senza maccheroni'.

De schilder Claude Monet (1840-1927) was in zijn tijd al een succesvol schilder. Weliswaar werd zijn eerste grote tentoonstelling ernstig bekritiseerd, maar er werd toch zoveel aandacht aan zijn werk geschonken, dat iedereen in Parijs zeer nieuwsgierig was naar deze Monet.
Tijdens zijn diensttijd in Algerije maakte Monet voor het eerst kennis met het Middellandsezeegebied en vooral het 'andere' licht maakte toen indruk op hem.
Bij het uitbreken van de Frans-Duitse oorlog ging hij naar Londen en ontmoette daar Pisarro. Monet was onder de indruk van het werk van Constable en Turner. In 1871 en 1872 reisde Monet naar Nederland, waar hij de Japanse prentkunst ontdekte.
In 1874 exposeerde Claude Monet het schilderij 'Impression, soleil levant', waaraan de term 'impressionisme' is ontleend.
In het dagboek van de gebroeders de Goncourt lezen we op 17 februari 1882:

'Terwijl hij de grote houtsneden aan het doorbladeren was die Hokusai van de berg Fuji heeft gemaakt, zei Manzi (een uitgever van tijdschriften): "Kijk, daar heb je de grote gele vlakken van Monet." En hij had gelijk. Want het is onvoldoende bekend wat onze hedendaagse landschapsschilders van die prenten hebben overgenomen, en vooral Monet, die ik dikwijls bij Bing tegenkom op het kleine zolderkamertje met de Japanse prenten, waar Lévy zit.'

In 1883 bezocht Monet samen met Auguste Renoir het zuiden. Datzelfde jaar heeft hij het huis in Giverny gekocht. Hij ontwierp zijn eigen tuin, met de vijvertuin met waterlelies in Japanse stijl die we op vele schilderijen terug zien. Hij gaf een van zijn tuinmannen (als hij in goede doen was, had hij er zes in dienst) opdracht 'mediterrane' groenten te kweken.
Monet was er zeer op gesteld zijn maaltijden met vrienden te gebruiken en dat is een van de redenen waarom we enigszins op de hoogte zijn van wat er bij hem op tafel verscheen.
We weten ook dat Monet dol was op de 'omgekeerde' appeltaart van de dames Tatin.
Deze 'tarte tatin' is geen uitvinding van de nieuwe Franse keuken maar een creatie van de zusters Tatin in Lamotte

in de auto te stappen en naar de dames Tatin te rijden om zo'n taart te kopen. In het boek *Curnonsky et ses amis* van de Association des Amis de Curnonsky wordt vermeld dat het recept van deze taart vlak voor de tweede wereldoorlog door minister Flandrin voor 10.000 francs werd aangekocht.

Salvador Dali (Salvador Felipe y Jacinto Dali y Domenech 1904-1989): Schilder, surrealist, tekenaar, etser, filmer, fotograaf, ontwerper van juwelen, meubels, décors, kostuums voor ballet en film, schrijver van filmscenario's, romans, essays, een kookboek *My dinners with Gala* en een autobiografie. Hij was gehuwd met *Gala*, die al enkele jaren geleden overleed. Dali verbleef in een apartement in Fiqueras, Spanje. Toen hij bijna bij een brand omkwam weigerde hij vast voedsel, hoewel hij volgens de doktoren gewoon kon eten. Hij kreeg vloeibaar voedsel via een slangetje door de neus toegediend. Op 21 januari 1989 overleed hij in een ziekenhuis in Figueras, Spanje. In zijn autobiografie *Mijn leven als genie* (Arbeiderspers, 1968) zegt Dali over zichzelf:

'Ik ben een buitengewoon persoon, die men onmogelijk in een hokje kan plaatsen. Dat bevordert en versterkt de totale gruyèrekaas van mijn persoonlijkheid.'

De schilder Miro vond Dali maar 'een heer die stropdassen schildert'. Uit Dali's dagboek/autobiografie enkele fragmenten over het onderwerp eten:

'Vandaag ontving ik bezoek van een vrij oude jongeman, die mij om raad kwam vragen alvorens een reis naar Amerika te ondernemen. (...) Ik vraag hem: "Heb je vaste gewoonten? Houd je van goed eten?"
Hij antwoordt me gulzig: "Ik kan me met van alles in leven houden! Droge bonen en brood, iedere dag, jaar in jaar uit als 't moet!"
"Dat is verkeerd!" zeg ik hem, dromerig en met bezorgde blik. Hij verbaast zich daarover. Ik leg het hem uit: "Wanneer je iedere dag bonen en brood wilt eten, dan zal dat een erg dure aangelegenheid worden. Je zult aan één stuk door moeten werken om dat te bekostigen. Maar wanneer je je zelf aanwent om te leven op kaviaar en champagne, dan kost 't geen cent."(...)
'Kaviaar en champagne zijn dingen, die je gratis aangeboden worden door bepaalde zéér gedistingeerde dames, verrukkelijk geparfumeerd en omringd door de prachtigste meubels ter wereld. Maar om dat te bereiken, moet je

geheel het tegengestelde zijn van jou, die met zwarte nagels op bezoek komt bij Dali, terwijl ik je ontvangen heb in uniform. (...) Wij kwamen in New York aan en terwijl we de noodzakelijke formaliteiten voor de ontscheping aan het vervullen waren, kwam men mij waarschuwen dat de journalisten op mij wachtten in mijn hut. (...)
"Is het juist," zei één van hen, "dat u onlangs een portret van uw vrouw geschilderd hebt met *twee geroosterde koteletten*, die balanceerden op haar schouder?"
"Ja, dat is juist, maar de koteletten zijn niet geroosterd. Ze zijn rauw."
"Waarom?"
"Omdat Gala ook rauw is."
"En waarom die koteletten samen met uw vrouw?"
"Ik houd van koteletten en ik houd van mijn vrouw, ik zie dus niet in waarom ik ze niet samen zou schilderen."'

*Franz Liszt*

## Menu

GARNALENSALADE
*Jeanne Moreau*

KIP MET OLIJVEN
*Claude Monet*

PASTA
*Gioacchino Rossini*

CAMEMBERT EN GRUYÈRE
*Salvador Dali*

ADVOCAAT-IJSCOUPE
*Kathleen Ferrier*

## GARNALENSALADE
### *Jeanne Moreau*

*300 gram grote garnalen*
*2 rode grapefruits*
*sla*

Voor het sausje:

*3 eetlepels zure room*
*1 eetlepel mayonaise*
*scheutjes tomatenketchup*
*versgemalen peper*

Was de sla en verdeel de slabladen over de borden. Maak de grapefruits schoon en verwijder álle velletjes en pitten, zodat er alleen partjes vruchtvlees overblijven. Verdeel de grapefruitpartjes over de borden en leg de grote garnalen erbij.
Men kan ook 2 à 3 grote 'gamba's' per persoon nemen. Grill of kook de gamba's gaar. Verwijder kop, staart en schil en leg ze op de borden.
Maak het sausje en giet het over de salade.

## KIP MET OLIJVEN *
### *Claude Monet*

*1 grote maiskip (ruim een kilo, in vieren verdeeld)*
*1 gesnipperde grote ui of 6 kleine, hele uitjes*
*5 eetlepels olijolie*
*zout*
*peper*
*saffraan*
*175 dl. witte wijn of bouillon*
*250 gr. tomaten, ontveld en in stukken gesneden*
*1 teentje knoflook*
*oregano*
*laurierblad*
*ongeveer zwarte olijven, zonder pit*
*bosje basilicum of peterselie*

Bak de stukken kip bruin in de olie, samen met de gesnipperde ui. Voeg de wijn of bouillon toe en laat alles even aan de kook komen. Voeg tomaten, knoflook, saffraan, laurier toe. Deksel op de pan en de kip gaar stoven. Af en toe de stukken kip omdraaien. Als de kip bijna klaar is: deksel van de pan, kipstukken er uithalen en het vuur hoog. De saus moet even inkoken. 5 minuten voor het opdienen de olijven en de fijngehakte basilicum (of peterselie) toevoegen.

*Claude Monet*

## PASTA
### *G. Rossini*

Kook de pasta, of het nu spaghetti, tagliatelle of een andere soort is, nèt gaar in water waaraan een scheutje olijf- of zonnebloemolie is toegevoegd. Volg de aanwijzingen op het pak of kook versgemaakte pasta. Controleer of de pasta goed is. Pasta mag niet te slap en papperig zijn. Stort de pasta in een vergiet. Laat even uitlekken. Doe de pasta in een schaal en schud er een klont boter door. Reken op 75 à 100 gram pasta per persoon.

## CAMEMBERT EN GRUYÈRE
### *Salvador Dali*

'We hadden onze maaltijd beëindigd met een uitmuntende camembert en toen ik alleen was, bleef ik een moment met mijn ellebogen op de tafel leunen, en dacht na over de problemen, die door het "superweke" van deze dunne kaas opgeworpen werden. Ik stond op en begaf me naar mijn atelier om daar, zoals dat mijn gewoonte was, een laatste blik op mijn werk te werpen. Het schilderij waaraan ik bezig was stelde een landschap voor uit de omgeving van Port Lligat. De rotsen op dat doek leken bestraald te worden door een transparant licht bij het vallen van de avond. Op de voorgrond had ik een gesnoeide olijfboom, zonder bladeren, geschetst. Dit landschap moest als achtergrond dienen voor een of ander idee, maar voor welk? Ik had een verrassend beeld nodig, en dat vond ik niet. Ik was net van plan om het licht uit te doen en weg te gaan, toen ik de oplossing letterlijk zag: twee weke horloges, waarvan het ene droevig over de tak van de olijfboom hing.'

## ADVOCAAT-IJSCOUPE
### *Kathleen Ferrier*

Als de zangeres Kathleen Ferrier in Amsterdam optrad logeerde zij in het Centraal Hotel op het Leidseplein. Dat hotel bestaat niet meer. Haar favoriete dessert was: vanille-ijs met een halve perzik, een ferme scheut advocaat en geklopte slagroom. Koop een goede kwaliteit 'banketbakkersijs', en niet zo'n emmer vol die bijna niks kost.

## EXTRA RECEPTEN EN CITATEN

### *Louis Armstrong (musicus)*

... ondertekende zijn brieven met de tekst: 'red beans and ricely yours' (met rode bonen en rijstegroeten).

### GEGRILLDE LAMSBOUT *
### *Vladimir Ashkenazy (pianist)*

*1 lamsbout van ongeveer 1500 gram, ontbeend*
*3 tenen knoflook*
*olijfolie*
*tijm*
*zout*
*peper*

Pel de knoflooktenen en snijd ze in dunne plakjes. Maak met een scherp, puntig mes hier en daar kleine sneetjes in de lamsbout en stop daar de plakjes knoflook in. Smeer de bout in met olijfolie en strooi er royaal tijm over en zout en peper.
Steek de lamsbout aan een spies en laat de bout ongeveer 1 uur en 10 minuten onder de grill in de oven ronddraaien. Het vlees moet bij het bot nog rose zijn.
Vladimir Ashkenazy eet hier graag rode kool en gekookte aardappels bij.

### *Ludwig van Beethoven (componist)*

'Waarom zoveel verschillende gerechten? De mens daalt af naar het niveau van een beest als eten zijn hoogste genot wordt.'

### *Alfred Brendel (pianist)*

Als de pianist Alfred Brendel in Amsterdam optreedt eet hij meestal wel een keer bij restaurant Tout Court. Zijn vingers zijn dan beplakt met beschermende pleisters.

## CACIK *
### *Peter Brook (regisseur)*

Zijn lievelingsgerecht is afkomstig van de Balkan. Je kunt het zowel in Turkije, waar het Cacik heet, als in Griekenland, Joegoslavië en Roemenië tegenkomen.

*1 grote komkommer*
*beetje zout*
*600 ml. yoghurt*
*2 tenen knoflook*
*2 eetlepels wijnazijn en 2 eetlepels olijfolie*

Schil de komkommer en snijd hem in kleine stukjes. Strooi er zout over en laat 10 minuten staan. Klop olie en azijn door de yoghurt. Druk de tenen knoflook door de knijper en doe de knoflook bij de yoghurt.
Roer tenslotte de uitgelekte stukjes komkommer door de yoghurt en zet de cacik enige tijd in de koelkast.

## CARUSO COCKTAIL
### *Caruso (zanger)*

*1/3 dry gin*
*1/3 Franse vermouth*
*1/3 crème de cassis*

Roeren met ijs en zeven in cocktailglas

## PROFITEROLES AU CHOCOLAT
### *Maurice Chevalier (acteur-zanger)*

... at in het beroemde en dure Parijse restaurant La Tour d'Argent bij voorkeur deze profiteroles als dessert: met ijs gevulde soesjes en een warme chocoladesaus. De eenvoudigste manier om ze maken:
Koop een pak 'soezenmix' en doe precies wat er op het pak staat. Koop een goede kwaliteit vanilleijs. Vul hiermee de ingeknipte soesjes. Breek een stuk bittere chocola in kleine

stukjes. Verwarm 1/4 l. slagroom en smelt daarin de chocola. Voeg eventueel extra suiker toe.
Giet deze saus in een kannetje en giet de saus over de gevulde soesjes.

## OEUFS VAUDOISE *

### *Noël Coward (schrijver)*

*1 à 2 eieren per persoon*
*10 garnalen per persoon (Hollandse)*
*een scheut Franse vermouth*
*geschaafde amandelen*
*boter*
*zout*
*peper*

Smelt wat boter in een pan en doe hier de in vermouth losgeklopte eieren in. Roer tot de eieren gestold maar nog wel smeuïg zijn. Rooster de amandelen in een heel klein beetje zonnebloemolie in een koekepan tot ze licht bruin zien. Strooi de garnalen over de eieren en daarover heen de amandelen. Eet het met toast. Dit gerecht kan een ontbijt of een souper zijn.

## SINAASAPPELSALADE *

### *Antal Dorati (dirigent)*

*2 bloedsinaasappels per persoon*
*citroensap*
*suiker*
*kirsch*
*gehakte wal- of hazelnoten of een andere soort noten*
*slagroom*

Haal zorgvuldig de schil en alle witte velletjes van enkele bloedsinaasappels. Verwijder de pitten. Snijd de sinaasappels in dunne plakken en besprenkel ze met citroensap. Strooi er wat suiker overheen. Laat de sinaasappels een half uur staan. Strooi er op het laatste moment gehakte, ongezouten, noten over. Giet er een scheutje kirsch over en geef er geklopte iets gezoete slagroom bij.

*Isadora Duncan (zangeres)*

'Ik leef liever in Rusland op zwart brood en wodka dan in de beste hotels in Amerika. Amerika weet niets van voedsel, liefde en kunst.'

DADA-IJS

*Max Ernst (kunstenaar)*

*1 beker sneeuw*
*1 beker zeehondenolie*

Meng sneeuw en olie door elkaar en dien op.

*Margot Fonteyn (balletdanseres)*

Achter de beroemde Londen Ritz ligt het restaurant Le Caprice, waar Margot Fonteyn bij voorkeur wodka, kaviaar en zuiglam bestelt.

TEXAS-CHILI *

*John Hurt (acteur)*

een recept voor ongeveer 8 personen

*2 grote uien*
*2 tenen knoflook*
*1 groene paprika*
*3 eetlepels olijfolie*
*1 1/2 kilo rundergehakt*
*4 eetlepels chilipoeder*
*1 eetlepel komijnepoeder*
*1/4 eetlepel oregano*
*1 laurierblad*
*500 gram tomaten (of Italiaanse gepelde tomaten uit blik)*
*2 eetlepels bloem*
*ongeveer 500 gram voorgeweekte, gaargekookte kidneybonen (of bonen uit blik)*

Snipper de uien. Druk de knoflooktenen door de knijper. Snijd de parika in stukjes en verwijder alle zaadlijsten. Doe de olijfolie in een grote pan en bak hierin ui, knoflook en paprika tot ze zacht zijn. Doe het gehakt er bij en bak het gehakt kruimelig en gaar. Doe komijnepoeder, chilipoeder, oregano, laurierblad en ontvelde tomaten in de pan en roer alles goed door elkaar. Laat dit mengsel een half uurtje stoven. Doe de uitgelekte kidneybonen in de pan. Maak de bloem aan met wat water en giet dit papje al roerend in de pan tot al het vocht gebonden is.

## MELOEN À LA ROBERT *

### *John Inman (acteur)*

John Inman kennen we van de televisieserie 'Are you being served', die in een Engels warenhuis speelt. Het recept van John Inman luidt:

*1 rijpe meloen*
*50 gram gerookte zalm*
*(garnalen) cocktailsaus*

Snijd de meloen dwars doormidden. Schep de pitten uit de holletjes. Schep het vruchtvlees uit de meloen en snijd hier blokjes van. Snijd de gerookte zalm in stukjes en meng ze door de meloenstukjes. Meng hier wat saus doorheen en doe alles weer terug in de lege meloenschillen. Dit is een recept voor twee personen.

## CHAMP

### *Jeremy Irons (acteur)*

*700 gram aardappelen*
*10 sjalotjes of 2 preien*
*200 ml. melk*
*50 gram boter*
*6 eieren*
*2 eetlepels geraspte Parmezaanse kaas*
*2 eetlepels fijngehakte peterselie*
*zout en peper*

Schil de aardappelen, snijd ze in stukken, kook ze gaar en giet ze af. Snipper de uitjes (of was de preien en snijd ze in ringen). Kook de ui (of prei) in melk tot de stukjes ui (prei) zacht zijn. Zeef de groente, maar bewaar de melk.
Maak van de aardappels aardappelpuree en roer er de helft van de boter door. Maak de puree op smaak met zout en peper. Roer de groente door de puree en doe er zoveel melk bij als nodig is om het luchtig te krijgen.
Houd het warm door de puree bijvoorbeeld op een bord op een pan met kokend water te zetten.
Klop de eieren met de Parmezaanse kaas. Smelt de rest van de boter in een pan met dikke bodem en giet hier het ei-kaas mengsel in. Blijf roeren tot het eruit ziet als roerei. Schep de aardappelpuree in een schaal, maar laat in het midden een opening vrij om het eimengsel in te doen. Strooi er fijngehakte peterselie over en dien meteen op.

## CASSATA DI MASCARPONE *

*Glenda Jackson (actrice)*

*225 gram mascarpone (Italiaanse room)*
*150 ml. slagroom*
*2 eieren*
*50 gram poedersuiker*
*een scheutje rum*

Klop de slagroom, maar niet té stijf. Klop de mascarpone en de slagroom door elkaar. Splits de eieren. Klop de eigelen met de suiker wit en schuimig. Doe er een scheutje rum bij. Roer dit door het mascarpone-mengsel. Klop de eiwitten stijf en schep ze door het mascarponemengsel. Schep dan alles in een rechthoekige metalen cakevorm en zet deze vorm ongeveer 3 uur in het vriesvak van de koelkast of in de vriezer. Snijd plakken van dit 'cassata'-ijs.

## AARDAPPELGRATIN *

*Derek Jacobi (acteur)*

*1 kilo stevige aardappelen, b.v. binten*
*225 gram gemalen cheddar kaas*
*300 ml. melk*
*50 gram boter*
*2 eieren*
*zout en peper*

Verwarm de oven voor op 180° C. Schil de aardappelen, was ze en snijd ze in dunne plakjes. Smeer een vuurvaste schaal in met boter en leg hier een laagje aardappelschijfjes in. Daarop komt een laagje kaas. Dan weer een laagje aardappel enz. De bovenste laag is een kaaslaag. Maak de melk met de boter warm. Klop hier de eieren door. Maak het op smaak met wat zout en versgemalen peper. Giet dit mengsel over de aardappel-kaas schotel en laat de schaal ongeveer 1 uur in de oven staan. Prik in de aardappelschijfjes om te controleren of ze gaar zijn.

*Tom Jones (zanger)*

... houdt van: tarbot, gestoomde kreeft, kerriegerechten, gebakken eendelever, vlees van de barbecue, Schotse gerookte zalm, wild, spruitjes en andere koolsoorten met veel jus, chocoladepudding en Cubaanse sigaren.

## ANANAS MET KIRSCH *

*Yousuf Karsh (fotograaf)*

*1 blik ananasstukjes*
*kirsch*
*1/2 liter vanille-ijs*
*maraschino kersen*

Giet het blik leeg in een vergiet en vang het ananassap op in een schaal. Meng 3 delen ananassap met 1 deel kirsch. Zet dit sap in de koelkast. Zet ook de ananasstukjes koel weg. Meng vlak voordat dit dessert gegeten wordt de ananasstukjes en het sap door het ijs en versier het met kersen. Meteen eten.

## GOUGÈRE *
### *Penelope Keith (actrice)*

*100 gram boter*
*450 ml. melk*
*225 gram bloem*
*6 eieren*
*175 gram gruyèrekaas, in kleine blokjes*
*2 eetlepels geraspte gruyèrekaas*
*zout*

Verwarm de oven voor op 200° C. Doe de boter in een pan met dikke bodem, giet hier de helft van de melk bij en roer er een snufje zout door. Breng dit al roerend aan de kook. Maak van de overgebleven melk en het bloem een papje zonder klonten. Giet dit papje bij de warme melk en roer alles goed door elkaar. Laat het 1 minuut zachtjes pruttelen. Doe een voor een de eieren bij dit mengsel en klop het goed door tot het een romige dikke saus wordt. Roer de blokjes kaas door de saus. Giet de saus in een met boter ingesmeerde vuurvaste schaal en strooi de geraspte kaas op de saus. Bak deze gougère ongeveer 30 minuten in de oven.

## CRÈME À LA MARKOVA
### *Alicia Markova (balletdanseres)*

*1 fles tomatensap (of een pak)*
*Franse vermouth*
*1 dessertlepel zure room per persoon*

Roer een scheut vermouth door de tomatensap. Breng dit aan de kook. Doe het vuur uit en schep in iedere soepkom op deze tomatencrème een lepel zure room.

## GEVULDE AUBERGINES

*Yehudi Menuhin (violist-dirigent)*

*4 grote aubergines*
*2 uien*
*2 tenen knoflook*
*150 gram champignons*
*4 grote tomaten*
*tomatenpuree*
*verse, fijngehakte kruiden als peterselie, marjolein, tijm en oregano*
*300 ml. bouillon*
*boter*
*6 ansjovisfilets*
*een handje zwarte olijven*
*een handje broodkruim*
*75 gram geraspte gruyèrekaas*
*olijfolie en boter*

Snijd de aubergines in de lengte doormidden en haal het vruchtvlees eruit. Bestrooi de binnenkant van de schillen met wat zout, laat ze 30 minuten staan en droog ze dan af. Snijd intussen het vruchtvlees klein. Snipper de uien, druk de knoflook door de knijper, snijd de champignons in plakjes en bak dit alles op een zacht vuur.
Verwarm de oven voor op ongeveer 180° C. Haal het vel van de tomaten en de pitten eruit en snijd de tomaten in stukjes. Doe ze bij het auberginemengsel in de pan met nog wat extra tomatenpuree, de kruiden en de bouillon.
Snijd de ansjovis in stukjes en meng ze met de olijven, de kaas en het broodkruim bij het aubergine-tomatenmengsel.
Wrijf de aubergineschillen in met olijfolie en vul ze met het mengsel. Zet de gevulde aubergines in een vuurvaste schaal en dek ze af met aluminiumfolie.
Bak ze ongeveer 30 minuten in de oven.

*Amadeo Modigliani (schilder)*

'Een biefstuk is belangrijker dan een tekening. Ik kan makkelijk een tekening maken, maar ik kan geen biefstuk maken.'

## TARTE TATIN
### *Claude Monet (schilder)*

*1 kilo goudreinetten of golden delicious*
*250 gram bloem*
*325 gram boter*
*100 gram poedersuiker*
*1 ei*
*zout*

De kunst bij het maken van een tarte tatin, een omgekeerde appeltaart, is te zorgen dat de appels een caramellaagje krijgen dat niet aangebrand smaakt.
Gebruik bij voorkeur een vorm uit één stuk. Bij een springvorm wil de caramel nog wel eens tussen de kieren wegsijpelen.
Beboter de bodem van een taartvorm met 100 gram boter en strooi er 50 gram poedersuiker over. Schil de appels, snijd ze in vieren en haal de klokhuizen eruit. Leg de stukken appel dicht tegen elkaar aan op de bodem van de taartvorm. Strooi de resterende poedersuiker over de appels en giet er 25 gram gesmolten boter over. Zet de vorm ongeveer 20 minuten op een niet te hoog vuur tot de suiker caramelliseert. Pas op voor verbranden. Maak deeg van de bloem, het ei, een snufje zout en 200 gram zachte boter. Voeg eventueel wat koud water toe.
Rol het deeg uit en leg een lap deeg óp de appels óp de taartvorm. Snijd de randen bij en prik hier en daar met een vork wat gaatjes.
Bak de taart ongeveer een half uur in een matig warme oven. Kontroleer of het deeg gaar is. Laat de taart iets afkoelen.
Leg een groot bord met de onderkant naar boven op het deeg en keer de taart in één keer om.

## CUBAANSE PANNEKOEKEN *

### *Henry Moore (beeldhouwer)*

*2 eetlepels suiker*
*200 gram zelfrijzend bakmeel*
*1 ei*
*75 ml. melk*
*50 gram rozijnen*
*beetje citroenrasp*
*vanille-essence*
*honing, boter of kaas*

Maak een pannekoekenbeslag van de suiker, het bakmeel, het ei en de melk. Doe de gewassen rozijnen, citroenrasp en wat vanille-essence door het beslag. Roer alles goed door en bak kleine pannekoekjes.
Geef er honing, boter of kaas bij.

### *Charlotte Mutsaers (schilderes-schrijfster)*

'Je hebt mensen die zeggen lamskotelet en je hebt mensen die zeggen lamskarbonade. Ze eten precies hetzelfde ribje. Toch worden ze gescheiden door een onoverbrugbare kloof: de karbonadezeggers zijn elke keer aan twijfel onderhevig als ze iemand kotelet horen zeggen, terwijl de koteletzeggers nooit aan twijfel onderhevig zijn als ze iemand karbonade horen zeggen. Hoe gek het ook klinkt: oorlogen ontstaan uit dit soort verschillen en niet door godsdienst. Territoriumdrift, geldgebrek of de neus van Cleopatra, dat zijn allemaal dekmantels.'

(Uit: *De Markiezin*, Meulenhoff 1988)

### *Luciano Pavarotti (zanger)*

... liefhebber van gegrillde kalfskoteletten met een demi-glace met rose pepertjes.
In zijn autobiografie zegt hij:

'Bij de opera en bij andere uitvoerende kunsten moet je om veel gevraagd te zijn en goed betaald te krijgen goed zijn. Maar ook moet je beroemd zijn. En dat zijn twee verschillende dingen.'

## *Pablo Picasso (schilder)*

... werd op 10-jarige leeftijd door zijn vader van school genomen. Een privéleraar werd ingehuurd, maar ook die had niet veel succes. November 1988 werd bij Sotheby's in New York zijn schilderij 'Moederschap' uit 1901 geveild, dat Picasso maakte toen hij 20 jaar oud was. Het bracht 48 miljoen gulden op.

Picasso was een groot liefhebber van pastagerechten. Van de 'tongfilets Picasso', die men in Nederland vaak op het menu ziet staan (een gerecht waarbij tongfilets worden vermorzeld door uit blik gestort fruit), wist hij gelukkig niets af.

In *Het kookboek van Alice B. Toklas*, de vriendin van Gertrude Stein, lezen we over de speciaal voor hem bereide baars,:

'Op een dag, toen Picasso bij ons zou komen lunchen, decoreerde ik een vis op een manier die hem, dacht ik, zou amuseren. Vlak voordat ik de vis opdiende, bedekte ik hem met een laagje gewone mayonaise en decoreerde ik hem met rode mayonaise uit de slagroomspuit, niet rood gemaakt met ketchup – ramp aller rampen –, maar met tomatenpuree. Daarna maakte ik er een schilderijtje op met fijngeprakte hardgekookte eieren, de dooiers en het eiwit apart, met truffels en met fijngehakte *fines herbes*. Ik was best trots op mijn *chef d'oeuvre* toen het werd opgediend en Picasso riep uit dat het een schoonheid was. "Maar," zei hij, "is het niet meer geschikt ter ere van Matisse dan van mij?"'

### KERRIEVLEES

## *Cliff Richard (zanger)*

*2 uien*
*2 theelepels kerriepoeder*
*450 gram magere riblappen*
*1/4 liter bouillon*
*zonnebloemolie*
*zout*

Snijd de uien in ringen en bak ze lichtbruin in een beetje zonnebloemolie. Snijd het vlees in blokjes. Bak het vlees in wat olie op een hoog vuur aan alle kanten bruin. Doe de uien bij het vlees, strooi er kerriepoeder en een beetje zout over en giet de bouillon bij. Laat alles nu op een laag vuur ongeveer 3 uur zachtjes stoven.

## *Rolling Stones (popgroep)*

Toen de Rolling Stones zo'n tien jaar geleden een grote tournee maakten, stonden zij er op dat er na afloop van elke voorstelling een enorme hoeveelheid eten en drinken klaar zou staan, die zo'n vijfduizend gulden per keer kostte.
Als ze twee voorstellingen op één avond hadden moest de oude maaltijd weggeruimd worden en verlangden zij weer een versgedekte tafel na het tweede optreden.
Foto's van hun met eten gevulde kleedkamer haalden vele kranten. Voor de organisatoren van de concerten was het uiteindelijk een goedkope manier om publiciteit te krijgen.

## *G. Rossini (componist)*

... schreef ooit aan een vriend: 'Wat je veel meer zal in- teresseren dan mijn laatste opera is de samenstelling van mijn laatste saladesaus. Hier heb je het recept: neem de fijnste olijfolie uit de Provence (l'huile vierge), Engelse mosterd, Franse azijn, een snufje peper en zout en meng dit door elkaar. Voeg er een paar eetlepels mooie fijngesneden truffels uit de Périgord door en je hebt een hemelse saus.'

## SCHILDERACHTIG STILLEVEN OM OP TE ETEN

Bekijk in een boek, op ansichtkaarten of in een museum† oude schilderijen van stillevens en probeer zo iets thuis na te maken met behulp van een kan, een aardig bord, mooi glaswerk, een grote schelp, een tros druiven, een citroen, wat perzik en, een stuk oude kaas, ham, een zilveren lepel, een granaatappel, wat noten enz.
Maak er een schilderij van dat om op te eten is.

---

† Museum Boymans-van Beuningen, Rotterdam: Jan Davidsz de Heem en Dirck van Delen;
Rijksmuseum, Amsterdam: Willem Claesz Heda en Pieter Claesz;
Frans Hals Museum, Haarlem: Floris van Dyck.

Achter zo'n stilleven gaat vaak een tweede betekenis schuil. De 17e eeuwse schilders kozen de zo op het oog gewone dingen als symbolen voor iets anders.
Zo is de druiventros niet alleen een vruchtbaarheidssymbool, maar ook een symbool van maagdelijkheid en het lijden van Christus. De appel staat voor de zondeval en de kers is het symbool voor het paradijs. De oester werd beschouwd als een geslachtsdrift-opwekkend middel en stelde het vrouwelijke schaamdeel voor. Een verzameling kannen, glazen, tabak en kookgerei moet gezien worden als een aanmaning tot matigheid.

## PAVLOVA CAKEJES

*Joan Sutherland (zangeres)*

*4 eiwitten*
*1 theelepel azijn*
*200 gram basterdsuiker*
*150 ml. geklopte slagroom*
*passievrucht*

Verwarm de oven voor op 200° C. Klop de eiwitten met de azijn stijf. Voeg tijdens het kloppen beetje bij beetje de suiker toe. Vul bakpapieren-cakevormpjes voor de helft met dit mengsel. Zet de vormpjes bovenin de oven en verminder de temperatuur van de oven tot ongeveer 100° C. (wie een elektrische oven heeft moet de temperatuur eerder verlagen).
Laat de cakejes 1 uur en 20 minuten in de oven.
Laat ze afkoelen. Snijd de passievrucht doormidden en schep de inhoud uit de vrucht op het cakeje.
Geef er geklopte slagroom bij.

## SOUFFLÉ MET KASTANJES *

*Henri de Toulouse Lautrec (schilder)*

*ongeveer 250 gram kastanjepuree*
*1/2 glas melk*
*4 eieren*
*nootmuskaat*
*zout*

Splits de eieren. Doe de eigelen, de kastanjepuree, een snufje zout, de melk en een beetje nootmuskaat in een kom en roer alles goed door elkaar. Klop de eiwitten stijf.
Schep het kastanjemengsel en de stijve eiwitten door elkaar. Beboter een vuurvaste (glazen) schaal en doe het mengsel in de schaal. Bak deze soufflé ongeveer 25 minuten in een niet te hete oven.

## BLINI MET KAVIAAR EN ZURE ROOM
*Galina Visjnevskaja*

Galina Visjnevskaja was zangeres bij de Bolsjoi opera. Tijdens een verblijf in Amerika werd haar het Russische staatsburgerschap ontnomen. Ze is gehuwd met cellist-dirigent Mstislav Rostropovitsj.
In haar memoires vertelt ze hoe ze in Rusland haar buitenlandse gasten ontving:

'Voor galarecepties van buitenlandse gasten had ik een betrouwbaar noodmenu bedacht: blini (Russische pannekoekjes) en een blik kaviaar van twee kilo – dat was toen nog te krijgen – waar ik iets bijzonders van maakte door er een grote soeplepel in te zetten! Het gaf een fantastisch effect. Maar het voornaamste was dat vier of vijf warme pannekoekjes, besmeerd met boter en zure room en daarop een flinke lepel kaviaar, als baksteen op hun daaraan niet gewende buitenlandse maag lagen. Als de gasten ze op hadden strompelden ze weg van de tafel en keken alleen nog maar naar het lekkers in het blik, waar ze geen hap meer van op konden.'

In delicatessenwinkels zijn (Amerikaanse) pakken pannekoekenmeel te koop van het merk 'Hungry Jack'. Deze pannekoekjes kunnen heel goed voor blini doorgaan.
Geef er boter, zure room en nep- of zalmkaviaar bij en niemand zal er aan twijfelen dat dit een echt Russisch gerecht is.

*Pablo Picasso*

# Hoofdstuk 5

# Koninklijk eten

## van 742 tot 1988

### *Koning Karel en zijn schimmel*

Karel de Grote (742-814) was een van de belangrijkste en invloedrijkste mensen uit de Middeleeuwen. In zijn *Capitulare de Villis* (een verzameling voorschriften) liet hij vastleggen welke planten, waaronder 70 soorten kruiden, er gekweekt dienden te worden. Op die lijst van te kweken groenten stonden onder andere bonen, erwten, uien, knoflook, bieslook, komkommer, radijs (die volgens Alexandre Dumas oorspronkelijk uit China kwam), watermeloen, kalebassen, bieten, andijvie, veldsla, en ook de verschillende soorten fruitbomen werden met name genoemd.
Karel de Grote steunde de kloosterlingen, de intellektuelen van zijn tijd, die konden lezen en schrijven, boeken kopieerden en geneeskunde bedreven. In de kloosters zorgde men voor de armen en deelde men voedsel uit. Er werd onderwijs gegeven en men bevorderde er de landbouw en de kruidenteelt. De kruidentuin van de kloosters waren wijd en zijd beroemd. Abdis Hildegard van Bingen van het vrouwenklooster in Rüdesheim liet een boek na met kruidenrecepten waarin ook de werking van kruiden op het menselijk lichaam wordt beschreven.
Karel de Grote was een groot liefhebber van roquefort. Men zegt dat hij deze kaas bij toeval ontdekte toen hij een nacht doorbracht in het klooster van St. Gallen. Aanvankelijk peuterde Karel de blauwe schimmel uit de kaas, maar de monniken legden hem uit dat die blauwe aderen in de kaas juist smakelijk waren. Sindsdien werden op zijn verzoek elk jaar manden vol roquefort naar zijn paleis in Aken gebracht.

Van de kloostertuin van St. Gallen bestaat een plattegrond, waarop de planten staan die er in 817 te vinden waren. Er waren drie verschillende tuinen met eetbare planten: de hortus of groentetuin, de herbularius of kruidentuin en de boomgaard. De plantensoorten waren echter niet altijd strikt gescheiden. In de hortus groeiden naast prei en biet ook kruiden als knoflook en koriander. In de bloementuin zag men niet alleen rozen en lelies, maar ook roosmarijn en pepermunt.
Recepten uit deze tijd zijn niet bekend. We weten wel wàt de mensen aten, maar niet hóe ze het klaarmaakten.

Uit allerlei beschrijvingen, onder andere van de feesten van Koning Arthur van Camelot, heeft men de conclusie getrokken dat er in de Middeleeuwen nogal zwaar gegeten werd, dat wil zeggen dat men per maaltijd grotere hoeveelheden at maar dat wel minder regelmatig deed dan tegenwoordig.
Wat we weten van het eten in de Middeleeuwen danken we aan de boeken die in de kloosterkeukens werden bijgehouden waarin de ingrediënten, hoeveelheden en prijzen werden genoteerd, en aan de boeken van de koks van de rijke mensen, de mensen van adel, de mensen van het hof en de landeigenaren. Uit die boeken komen we natuurlijk niet te weten wat 'de gewone mensen' thuis aten. Die aten bepaald niet luxueus maar gewoon wat er was. Een boer at erwtenpuree met gerookt spek, terwijl aan het hof de kostelijke schotels die op tafel kwamen nauwelijks te tellen waren.
De Middeleeuwse keuken doet een beetje denken aan de Romeinse keuken. Veel ingrediënten zijn hetzelfde. In de late Middeleeuwen raakte men bovendien zo gefascineerd door de klassieken, dat men bijvoorbeeld een beroemd Romeins gerecht dat bij Trimalchio op tafel verscheen, eenvoudig namaakte: een pastei waaruit levende vogels opvlogen...

Het eten van rauwkost of vers fruit kwam nauwelijks voor. Verschillende kruiden werden vaak bij grote hoeveelheden tegelijk gebruikt. Datzelfde gebeurde met specerijen. Volgens sommige theoriën gebruikte men veel specerijen om de bedorven smaak van het voedsel te maskeren. Anderen menen dat het voedsel helemaal niet bedorven was en dat men specerijen gebruikte als een statussymbool. Wie zich dure specerijen kon veroorloven behoorde tot de betere kringen.

In 1378 gaf de Franse koning Charles V een banket ter ere van het bezoek van zijn oom Keizer Karel IV van Duitsland. Er is over dit banket geschreven en in de *Grande chronique de France* van 1380 zijn ook miniaturen van de feestelijke tafels te vinden.
Op de 'hoofdtafel' zien we 3 schepen staan. Het zijn zogenaamde kruisvaarderschepen en de vorstelijke personen bewaarden er hun eetgerei in. In deze schepen zat ook het gereedschap dat nodig was om te zien of er gif in het eten zat. Want voor er gegeten werd moest eerst onderzocht worden of alles in orde was.
Een van de methodes om gif op te sporen was het aanraken van de gerechten met een gifaanwijzend materiaal. Vooral de tand van de narwal werd hier vaak voor gebruikt.

Guillaume Tirel (dit Taillevent) werkte praktisch zijn hele leven in de koninklijke keukens.
In 1326 werd zijn naam voor het eerst genoemd in een kasboek. Hij is dan keukenjongen. Ongeveer in het jaar 1350 trad hij in dienst van Filips VI, maar een paar jaar later ging hij werken voor de Franse kroonprins, die in 1364 tot Koning Charles V werd gekroond. In 1373 werd hij tot chefkok benoemd.
Guillaume Tirel stierf omstreeks 1395. Op zijn grafzerk staat hij in wapenuitrusting afgebeeld en draagt hij een schild met daarop drie kookpotten.
Guillaume Tirel verzamelde zijn recepten in het boek *Le Viandier* die later weer werden gekopieerd voor koning Richard II van Engeland. Er is een voorraadlijst van de provisiekamer van Richard II bewaard gebleven. Op die lijst werden genoteerd:

14 wilde zwijnen
14 gezouten ossen
50 zwanen
50 kapoenen
300 mergpijpen
11.000 dozijn eieren

(Dat waren niet alleen kippeëieren, maar ook eieren van andere vogels, b.v. van mussen. Musseëieren zouden de libido gunstig beïnvloeden.)

## BLANCMANGER
## *GUILLAUME TIREL/TAILLEVENT OMSTREEKS 1380*

'Brouet d'Allemaigne de chair, de connins et de pouillaille. Prenez vostre chair, et la despeciez, et la mettez souffrire en sain de lart, et de l'ongnon menu missié; puis affinez amendes grant foyson, et destrempez de vin et de boullon de beuf, puis faictes boullir avec vostre grain; puis affinez gingenbre, canelle, girofle, grainne de paradiz, noiz muguetes, bien peu de saffran; et soit sur le jaune et lyant, deffait de verjus.'

Deze Franse stevige 'soep' werd gemaakt van: konijn, en kip gekookt in amandelmelk met reuzel (sain de lart), gemalen amandelen, bouillon en verschillende kruiden als gember, kaneel, kruidnagel, kardamom (paradiz), nootmuskaat, saffraan om het mooi te kleuren en vertjus.
Een Engelse versie van ongeveer hetzelfde recept uit: *A collection of Ordinances and Regulations for the Government of the Royal Household.* Londen, ca. 1400:

'Browet of Almayne. Take Conynges and parboyle hom, and choppe hom on gobettus and rybbes of porke or of kydde, and do hit in a pot, and sethe hit; then take almonds and grynde hom, and tempur hit up wyth broth of beef, and do hit in a pot; and take clowes, maces, pynes, ginger mynced en raysynges of Corance; and take onyons and boyle hom, then cut hom and do hom in the pot; and colour hit with saffron, and let hit boyle; and take the flesh oute from the brothe and caste therto; and take alkenet and frye hit, and do hit in the pot thrugh a streynour; and in the settynge doun put therto a lytel vynegar, and pouder of gynger medelet togedur, and serve hit forth.'

Het Engelse recept is iets anders. Bij deze soep worden varkenskrabbetjes (porke) gestopt en is het kippevlees verdwenen. Men voegt pijnpitten (pynes), krenten (raysynge of Corance) en alkenet (het kruid 'ossetong') toe.

In 1399 vond de kroning van Koning Henry IV in de Westminster Abbey plaats. Die gebeurtenis was uiteraard belangrijk genoeg om uitgebreid genoteerd te worden. In een Engels kookboek van 1430, dat in handschrift bewaard wordt in het British Museum, lezen we wat er die dag op het feestmenu stond.
Het menu bestond uit 3 gangen, waarvan de eerste uit 10, de tweede uit 12 en de derde uit 18 gerechten bestond.
Het woord 'sotelty' afgeleid van 'subtlety' (iets spitsvondigs, geraffineerds, iets leuks. Een 'intermezzo'...) komen we tussen de drie hoofdgangen tegen.
Soteltys waren voorstellingen, gemaakt van amandelspijs, suiker, gelei en brood-kruimels. Ze werden meestal, in verschillende kleuren geverfd, aan het begin en aan het eind van een gang naar tafel gebracht.
De soteltys bij deze maaltijd waren nogal eenvoudig en bedoeld om opgegeten te worden. Later in de Middeleeuwen werden het enorme oneetbare constructies en voorstellingen.
Eigenlijk zat er nog niet veel systeem in de volgorde van de gerechten. Groentegerechten worden in het feestmenu van Henry IV al helemaal niet vermeld en werden waarschijnlijk ook niet gegeten. 'Groenten' behoorden tot de 'kruiden' en men at ze als men ziek was vanwege de genezende werking.
Zoals we zien is het menu een opeenstapeling van vleesgerechten:

| Le primer cours | 1e gang |
|---|---|
| Braun en peuerarde | wildzwijn in pepersaus |
| Viaund Ryal | koninklijk vlees† |
| Teste de senglere enarmez | hoofd van wildzwijn met slagtanden |
| Graund chare | groot vlees |
| Sygnettys | zwanen |
| Capoun the haute grece | vetgemeste kapoenen |
| Fesaunte | fazant |
| Heroun | reiger |
| Crustade Lumbarde | dadeltaart‡ |
| Storieoun graunt luce | steur en grote snoek |
| A Sotelty | |

| Le II cours | de 2e gang |
|---|---|
| Venyson en furmenty | wildbraad met pap van tarwe |
| Gely | gelei |
| Pokokkys | gevuld speenvarken |
| Cranys | kraanvogels |
| Venyson Roste | geroosterd wild |
| Conyng | konijn |
| Byttore | roerdomp |
| Pulle endore | vergulde kip |
| Graunt tartez | grote taarten |
| Braun fryez | gebraden wildzwijn |
| Leche lumbarde | pastei |
| A Sotelty | |

† Dit gerecht heeft niet veel met vlees te maken. Het is een stijve brij van eierdooiers, honing, wijn met rozijnen en stukjes kip. In de vastentijd werd kip door (stoof)peren vervangen.

‡ Crustade Lumbarde is een pastei met een vulling van room, eieren, merg, dadels, pruimen en suiker.

| Le III cours | de 3e gang |
|---|---|
| Blaundysorye | amandelpudding |
| Quyncys in comfyte | geconfijte kweeperen |
| Egretez | zilverreiger |
| Curlewys | wulpen |
| Pertryche | patrijzen |
| Pyionys | duiven |
| Quaylys | kwartels |
| Snytys | snippen |
| Smal byrdys | kleine vogels |
| Rabettys | konijnen |
| Pome Dorreng | gouden appels |
| Braun blanke leche | wildzwijn-amandelpudding |
| Eyroun engele | ijsappels (appels met suikerglazuur bedekt?) |
| Frytourys | gebakken appels |
| Doucettys | zoete pasteien |
| Pety Perneux | roomtaartjes |
| Egle | adelaar |
| Pottys of lylye | potten lelies |
| A Sotelty | |

Vergeleken bij de later 'Soteltys' waren die voor Henry II dus nogal eenvoudig. Géén kopie van een kerk, geen nagebouwde stad met echte, met gouden verf bijgeschilderde, vogels bijvoorbeeld.

De potten lelies en de adelaar waren kennelijk symbolen.

De adelaar is de koning van de vogels.

De lelies waren misschien het symbool van Frankrijk. Zij waren gemaakt van amandelspijs, suiker etc. Zo kon Henry (het symbool van) Frankrijk opeten...

Frytourys waren dunne schijfjes appel gewenteld in een beslag van eierdooiers, bloem, bier en gist, gebakken in frituurvet en bestrooid met suiker.

Doucettys waren taartjes van korstdeeg met een vulling van room, eierdooiers, suiker en saffraan en pety perneux had-

den een vulling van eierdooiers, merg, gemberpoeder, suiker, krenten en fijngemalen dadels.
Dranken worden bij het feestmenu niet vermeld. Wel worden in de recepten wijnen als ingrediënten bij het koken genoemd:
clareyne, wijn van Kreta, zoete wijn, Rochelle-wijn. Men neemt aan dat er in de betere kringen, en zeker aan het hof, veel wijn werd gedronken. Hoewel er in de Middeleeuwen in Engeland door sommige kloosters witte wijn gemaakt werd, gaf men de voorkeur aan geïmporteerde wijnen uit het buitenland. 'Het volk' dronk bier en cider.

## *Tafelschikking en manieren ca. 1450*

We weten nu iets meer van wat men in de betere kringen at. Op oude prenten kunnen we ook zien op welke manier men at. Men zat doorgaans aan één zijde van een lange tafel. Dit met het oog op het 'entertainment' dat tijdens de maaltijd of tussen de gangen door plaatsvond.
Men at met zijn handen en vingers. Voor soep en pudding werd een lepel gebruikt. Soms werden messen gebruikt om er vlees mee op te prikken en naar de mond te brengen, of om er mee te snijden. In de keukens werd wel gebruik gemaakt van een vorkachtig instrument.
Tijdens een banket in Venetië zag de zijdekoopman Jaques le Saige dat er met vorken werd gegeten. Hij schreef:

> 'Deze mensen tillen, als ze eten, hun vlees omhoog met een zilveren vork.'

Maar het zou nog lang duren voor de vork gemeengoed werd. Nog in 1897 was het bij de Britse Navy verboden met een vork te eten, want dat zou niet goed zijn voor de discipline en vooral ook 'onmanlijk' zijn. Men at rond 1450 niet van een bord, maar van een dikke snee brood, die aan het eind van de maaltijd meestal aan de armen of aan de hond werd gegeven. In de betere kringen had men ook een reservestapel van deze 'trenchers' (zoals ze in Engeland heetten)

bij de hand. Trenchers kwam van het oudfranse woord 'tranchier' (snijden). Was het 'broodbord' vies geworden, dan werd het omgeruild voor een nieuw exemplaar.
Bij feestelijke gelegenheden werden de trenchers ook wel gekleurd met behulp van natuurlijke kleurstoffen. Men gebruikte 'peterselieverf' om groene borden te krijgen, saffraan voor gele borden en sandelhout om de borden een rose kleur te geven. Heel deftig waren natuurlijk broodborden van goud. Die goudkleur werd gemaakt van saffraan, paardebloemen en eigeel.
De belangrijkste gast werd aan tafel bediend en kreeg de lekkerste hapjes. De overige gasten aten met hun vingers van gemeenschappelijke schalen. Handen wassen voor de maaltijd werd zeer op prijs gesteld.
In de late middeleeuwen verschenen er etiquetteboeken, speciaal bestemd voor de kinderen van de mensen van adel. Zij konden eruit leren hoe zij zich aan tafel dienden te gedragen. In zo'n etiquetteboek uit 1290 van Fra Bonvicino da Riva staat te lezen:

'Laat uw handen schoon zijn. Gij zult geen vingers in uw oren steken of uw handen op uw hoofd leggen. Degene die eet mag zich niet reinigen door zijn vingers aan een onwelvoeglijk lichaamsdeel af te vegen.'

In later jaren werden bepaalde lichaamsdelen met name genoemd. Aangeraden werd om – als er per se aan een edel deel gekrabd diende te worden –, daarbij dan een stuk van de kleding in de hand te nemen en op die manier de jeuk te verdrijven, in plaats van dat met de blote hand te doen, die immers vervolgens weer in de gezamenlijke eetschaal werd gestopt. Verder diende men er voor te waken de smakelijkste dingen uit die schaal te vissen of een afgekloven botje weer daarin terug te leggen...

Paus Clemens gaf de beroemde goudsmit Benvenuto Cellini opdracht een prachtige grote vaas voor op tafel te maken, waarin men dan de botjes, fruitschillen en andere etensresten kon stoppen. In beschaafde kringen ging het bedienend personeel rond met kommen water waarin de gasten hun han-

den konden omspoelen, en met handdoeken waaraan zij hun handen dan weer konden afdrogen.
Een klein boertje dat de mond ontglipte kon er in die jaren nog wel mee door, maar men behoorde aan tafel geen winden te laten. Winden laten was in de 16e eeuw voor Christus al bij de Chinezen verboden en ook aan het hof in India was het in de vroege tijden al niet geoorloofd hard te lachen of te praten, en winden te laten.
Aan dat winden laten was overigens weinig te doen, want dat hing nauw samen met het voedsel dat men at: knoflook, uien, kool en bonen. Nog niet zo lang geleden is er, in het kader van de ruimtevaart, onderzoek gedaan naar het verband tussen eten en winden laten. Men heeft toen precies kunnen vaststellen hoeveel gas een bepaald gerecht produceerde. De kosmonauten hebben daar dankbaar gebruik van gemaakt, behalve een Franse kosmonaut, die met een Sovjetruimtecapsule meereisde en smakelijke knoflookhapjes had meegenomen. De airconditioning bleek niet tegen de gevolgen opgewassen.

## *Gevuld was in de mode...*

Men was in de middeleeuwen dol op spectaculair eten met verrassingen. Alle delen van het dier werden daarbij gebruikt en men haalde voor bijna geen enkel dier de neus op. Men at onder andere walrus, zeehond, dolfijn en bruinvis. En men at van alle dieren ook de vleugels, de ribben, de billen, de lever, de darmen, de nieren, de maag en de genitaliën. Men vond bijvoorbeeld de gezouten en daarna gerookte lever van de walvis naar viooltjes ruiken. Als een delicatesse werd de *entrayle* beschouwd, een schapepens gevuld met gehakt, gember, kaas, eieren en specerijen, waarvan met behulp van amandelen een stekelvarken was gebeeldhouwd. Een andere lekkernij waren de *daintees*, de testikels van een hert. Van een pauw bewaarde men de veren, om die er na het braden weer in te steken, zodat de pauw bij het opdienen weer zijn oude gedaante had aangenomen. Bloed werd onverdund

in gerechten gebruikt en diende, vermengd met bouillon of wijn, om sauzen te kleuren. Bloed vermengd met kruiden en specerijen was een basis voor jus en vullingen. Vis werd soms in vleesbouillon gekookt, en gevogelte in visbouillon.
Men gebruikte ook veel kruiden tegelijk. In een groene saus gingen bijvoorbeeld peterselie, balsemwormkruid, munt, tijm, knoflook, peper, zout, azijn en eiselwine (een zurig sap). Kruiden werden bovendien gebruikt in vullingen, pasteien, brood en fruittaart.
Kruiden en groenten at men ook vanwege de geneeskrachtige eigenschappen. Kool, bonen en erwten werden afgeraden als men last had van een 'gassige' maag. Van asperges werd gezegd dat zij een onaangename urinelucht veroorzaakten, en melancholieke mensen konden maar beter niet te veel gebakken vlees en te veel zout eten.
Favoriete groenten in de middeleeuwen waren: andijvie, kool, groene bonen, erwten, wortels, selderij, spinazie, komkommers, radijs, prei, artisjokken, lof, biet, ui, linzen, pastinaak en koolraap.
Fruit werd bij voorkeur in compôte en pasteien gegeten of gebruikt in stoofschotels en voor vullingen.

## *Beeldhouwkunst in de keuken*

In de middeleeuwen hield men niet alleen van vreemde kombinaties als wild met vis, vlees met peer, eieren met merg, kip met lam, maar men was ook dol op gerechten die iets anders waren dan het uiterlijk deed vermoeden. Zo maakte men gehaktballen die op groene appels leken door het vlees te voorzien van een laagje groen – met behulp van peterselie of de bladen van een hazelaar.
Groene erwten maakte men van viskuit, dat met erwtensap groen was gekleurd. Wat op het eerste gezicht een stenen kruik leek, bleek bij nader inzien een kruik van vlees te zijn.
Gedroogd fruit (dadels, vijgen, pruimen) werd in deeg verpakt en aan een spit geregen. Als het daarna geroosterd werd, leek het fruit sprekend op de geroosterde ingewanden van een wild zwijn.

Al deze gerechten waren niet alleen bedoeld om naar te kijken, het was wel degelijk de bedoeling dat ze ook opgegeten werden. 'Soteltys', die alleen maar als decoratie dienden, kwamen slechts in de allerhoogste kringen voor.

## *Catharina de Medici in Frankrijk*

In 1533 trouwde Catharina de Medici op 14-jarige leeftijd met de Hertog van Orléans, Henri de Valois, die elf jaar later Koning Henri II zou worden. Heel lang heeft men beweerd dat Catharina een grote invloed op de Franse keuken heeft gehad, omdat zij, toen zij vanwege haar huwelijk naar Parijs verhuisde, veel personeel waaronder ook veel koks meenam.
Catharina was de achterkleindochter van Lorenzo de Medici. De Medici's vormden in Florence een grote, rijke familie. Zij begonnen als bankiers en kregen dankzij hun rijkdom steeds meer politieke macht. De Medici-mannen kregen belangrijke functies, werden hertog of paus, de vrouwen werden handig uitgehuwelijkt. Tegenwoordig wordt door de historici weer ontkend dat Catharina een grote culinaire invloed had. Wel stond zij bekend als een gulzige dame die van veel en lekker eten hield.
Op 12-jarige leeftijd zag Catharina de Medici er nog als een bleek en mager meisje uit, maar op latere portretten zie je dat ze goed eten kon.
In 1549 werd aan Catharina een feest aangeboden door de stad Parijs. We weten niet hoeveel mensen er mee aten. Wel is genoteerd dat er 24 verschillende soorten wild en gevogelte op tafel verschenen, gevolgd door vele pasteien en taarten en dat deze maaltijd slechts vier groenteschotels telde.
In de 16e eeuw meldde Geralmo Zanetti, een Venetiaan, echter het volgende:

> 'Franse koks hebben de Venetiaanse magen bedorven met veel vieze sauzen, bouillons, knoflook en uien in elk gerecht en ook vlees en vis verschijnen onherkenbaar op tafel, bedolven onder honderden kruiden en sauzen.'

Volgens de Italianen is de Franse uiensoep geboren uit 'La Carabaccia', een Toscaanse uiensoep.

Tijdens de regeringsperiode van de populaire koning Henri IV (die gehuwd was met Marie de Medici; zij kocht voor privégebruik in 1612 het Palais Luxembourg én de tuinen die erbij hoorden van de Hertog van Luxembourg) werd de oudste brug, de Pont Neuf, in Parijs gebouwd (door Androuet du Cerceau. Tussen 1578-1604). Het standbeeld van Henri IV staat nog steeds op de brug.
Een van de bekende uitspraken van Henri IV was: 'Ik wil dat iedere boer in mijn koninkrijk iedere zondag een kip in de pot heeft'. Naar hem is dan ook het gerecht 'Poule-au-pot Henri IV' genoemd.
Alexandre Dumas vermeldt in zijn *Grand Dictionnaire* dat Henri IV erg van verse sardienen hield. Op vastendagen bestond zijn lunch uit deze vis.

Van 1643-1715 was Louis XIV 'Zonnekoning'. Zijn eerste echtgenote, Maria Theresia van Oostenrijk, huwde hij in 1666. Zij was zijn nicht in dubbele zin: zij was een dochter van zijn vaders zuster en van zijn moeders broer.

Alexandre Dumas legt in zijn *Grand Dictionnaire* uit hoe men in die tijd van Louis XIV bloemkool bereidde.

'Neem enkele grote bloemkolen en was ze in lauw water. Kook ze in bouillon met wat nootmuscaatpoeder. Als ze gekookt zijn, giet ze dan af en schud door de bloemkool wat verse koude boter. Zodra de boter smelt, de bloemkolen opdienen'.

Louis XV, achterkleinzoon van Louis XIV, was koning van 1715 tot 1774. Hij huwde Maria Leszczynska, dochter van de verdreven Poolse koning Stanislas.
Hij stond onder invloed van zijn maîtresses, de drie zusters Nesle: Hertogin Chateauroux (tot 1744), Markiezin de Pompadour (tot 1764) en Gravin du Barry (tot 1774).
Tijdens de regeringsperiode van Louis XV bracht een tuinman zijn rode kool naar de Hallen. Niemand wilde die ko-

len met vreemde kleur echter kopen. De kweker verzon een manier om rode kool bij de betere kringen te introduceren. Toen de schoonzuster van Louis XIV in 1721 stierf bezocht 'le grand monde' de mis in de Saint Sulpice-kerk. Bij de deur van de kerk stond een in het zwart geklede bediende die elke dame een verzegelde envelop overhandigde en zei: 'Hare Koninklijke Hoogheid de Hertogin van Orléans gaf mij met haar laatste krachten opdracht vandaag een brief te overhandigen aan al haar vrienden'.
Een van de ontvangers kon niet wachten met het openen van de brief, verbrak al tijdens de rouwdienst het zegel en las:
'Dierbare, ik kan u geen beter en waardervoller dienst bewijzen dan u mijn lievelingsrecept voor rode kool na te laten'.
De brief was ondertekend: Charlotte Elisabeth van Beieren, Hertogin van Orléans.
De koning was zo geamuseerd toen dit incident hem ter ore kwam dat hij erop stond rode kool te proeven.
Rode kool werd één van Madame de Pompadours lievelingsrecepten en ze maakte het soms zélf voor de koning klaar. Haar recept luidt als volgt:

## RODE KOOL *MADAME DE POMPADOUR*

Kook een niet te grote gesneden rode kool in een liter bouillon met twee schijven appel en een ui waarin kruidnagels zijn gestoken. Voeg twee glazen goede rode wijn toe. Doe er royaal specerijen bij en laat het enkele uren sudderen.
In 1796 huwde Napoléon Bonaparte (Napoleone Buonaparte) Joséphine Tascher de la Pagerie, weduwe van de geguillotineerde generaal Alexandre de Beauharnais.
Na zijn scheiding van Joséphine trouwde hij met Marie Louise van Oostenrijk. De maîtresse van Napoléon was Maria Walewska. Keizerin Josephine hield van het volgende toetje: 'Verse halve perziken op vanilleijs met een vruchtenmousse overdekt.'

Een wereldberoemd recept waaraan een mooie anekdote verbonden is. 'Marengo' is de naam van de plaats waar Napoléon op 14 juni 1800 de Oostenrijkers versloeg. Het gerecht dat chef-kok Durand voor Napoléon maakte werd naar deze plaats vernoemd.

Napoléon, die nooit at voordat de gevechten voorbij waren, bekeek met zijn generale staf het slagveld en toen hij zag dat zijn vijanden al snel op de vlucht sloegen, vroeg hij Durand het diner klaar te maken. De voedselvoorraden van het leger waren echter nog ver verwijderd, zodat Durand genoodzaakt was te improviseren. Durand ging in de onmiddellijke omgeving op zoek naar dingen, waarvan hij een maaltijd kon samenstellen. Alles wat hij vond waren: 3 eieren, 4 tomaten, 6 rivierkreeftjes, een kippetje, wat knoflook, olie en een pan.

Durand begon met het maken van een 'panade'† van een restje brood, olie en water. Daarna braadde hij de kip in de olie, en bakte hij de eieren in olie met wat knoflook en de tomaten.

Over dit mengsel goot hij een scheut cognac uit de flacon van de generaal. Hij serveerde het diner op een tinnen bord: kip in het midden, rivierkreeftjes erom heen gedrapeerd, evenals de eieren.

Napoléon (toen nog geen keizer van Frankrijk; dat werd hij in 1804) was verrukt en meldde Durand dat hij dit gerecht in het vervolg na iedere veldslag wilde eten.

Durand die besefte dat kip en kreeft een wat vreemde combinatie vormden, verving later eens de kreeft door champignons en de cognac door wijn. Napoléon was woedend en riep dat dit hem ongeluk zou brengen. Hij weigerde deze veranderde 'Poulet Marengo' te eten.

† Soep van brood, bouillon, melk of water en boter of een soort pasta van meel en brood om iets te binden.

Hoe is het eigenlijk met ons koningshuis gesteld?
De Rijksvoorlichtingsdienst doet geen mededelingen over de culinaire voorkeuren van koningin, prinsessen en prinsen. We moeten het hebben van horen zeggen, roddel en achterklap. Er wordt gezegd dat Prins Claus wel eens in het weekend uiensoep, chili con carne of boeuf Stroganoff kookt en dat Prins Bernhard als hij op reis gaat zijn eigen merk rose champagne meeneemt.
Prins Alexander schijnt een pasta-liefhebber te zijn. Prinses Juliana houdt niet van wild, maar wel van een glaasje sherry. Haar lievelingstaart is volgens geruchten de St. Honorétaart. Koningin Beatrix kookt nooit, maar bemoeit zich wel degelijk met het menu. Ze prefereert voor haar officiële lunches iets lichts: bouillon, tarbotfilets, een vruchtenmousse.
Patissier Chris Brandt, op het ogenblik werkzaam in de keuken van de Amsterdamse Jellinek-kliniek, verzorgt al 15 jaar de zoete dingen voor diners bij staatsiebezoeken.
Van het Engelse koningshuis, dat heel nauwlettend in de gaten wordt gehouden door volk en pers, weten we veel meer. We weten b.v. in welke restaurants zij wel eens uit eten gaan. Zo dineert Prinses Margaret graag in The Savoy, Langan's Brasserie (mede-eigenaar daarvan is filmster Michael Caine) en The Mirabelle. De Duchess of York, Fergie, komt graag bij The Mirabelle en Claridge's, waar men ook ex-koning Constantijn van Griekenland kan aantreffen, en bij Scott's, een jonger en moderner restaurant.
In The Ritz komt behalve Prinses Margaret ook Prinses Alexandra. Prins Andrew en Lord Snowdon (ex-Margaret) preferen echter The Savoy. Prinses Diana bezoekt La Fontana in Pimlico en San Lorenzo.
In de afdeling 'Extra recepten' ook een aantal recepten van de Engelse adel.

## Menu

KIPPESOEP
*Guillaume Tirel dit Taillevent*
*(kok van Koning Charles V, ca. 1380)*

CIBREO
*Catharina de Medici, ca. 1533*

CÔTELETTES DE VEAU
*Madame de Maintenon, ca. 1655*

BLOEMKOOL
*Louis XIV, ca. 1660*

BREAD AND BUTTER PUDDING
*Prins Charles van Engeland, 1988*

## KIPPESOEP *
### *Guillaume Tirel dit Taillevent*

Het oorspronkelijke recept van Guillaume Tirel dit Taillevent luidt als volgt:

'Brouet Georgié. Prenez tel grain vollaille que vous vouldrez, et la despeciez, et prenez persil effeullié, et ongnons menuz missiez, et mettez souffrire en sain de lart; puis prenez des foyes et pain hallé, et deffaictes de vin et de boullon de beuf, et faictes bien boullir tout ensemble; puis affinez gingenbre, saffren, deffaictes de verjus; et que vostre boullon soit blanc brun et lyant comme une soringue.'

De Nederlandse bewerking van dit recept luidt als volgt:

*1 kip van ca. 1 kilo*
*reuzel*
*peterselie*
*uien*
*bouillon, 1 1/2 liter*
*witte wijn*
*3 ons kippelevers*
*geroosterd broodkruim, van enkele boterhammen*
*gemberpoeder*
*saffraan*
*appelciderazijn*

Hoewel we elke soort vogel (tel grain volaille que vous vouldrez) mogen gebruiken, nemen we een maiskip, die we ongeveer 1 uur braden in reuzel (sain de lart), met gesnipperde ui en peterselie. Als de kip gaar is het vlees van de botten halen en kleiner snijden. De jus van de kip lengen we aan met ca. 1 1/2 liter runderbouillon en een scheut witte wijn. In deze bouillon laten we de kippelevers en de broodkruimels meekoken. Als de soep door het broodkruim dikker is geworden stukjes kip erbij doen, de gemberpoeder, de saffraan en de 'verjus', waarvoor wij een scheutje appelciderazijn gebruiken. De soep moet lichtbruin en gebonden zijn als een 'soringue'. Deze soringue verwijst naar een ander recept voor een gebonden paling-ragoût van Guillaume Tirel in het boek *Le viandier.*

## CIBREO
### *Catharina de Medici*

Van dit gerecht at Catharina de Medici zóveel dat ze er bijna in bleef. Het originele recept bevat kippelevertjes, testikels, niertjes en hanekammen.
Dit recept is een aangepaste, 20e-eeuwse versie:

*500 gram kippelevers, gewassen en ontdaan van enge witte sliertjes*
*1 fijngesnipperde ui of een prei in dunne ringen gesneden*
*50 gram boter*
*2 eierdooiers*
*sap van een halve citroen*
*bloem*
*zout, peper*
*kippebouillon*

Smelt de boter in een koekepan en bak de ui of de prei zacht en glazig, maar niet bruin. Rol de uitgelekte levers door de bloem. Bak ze in de pan op een niet te hoog vuur. Giet af en toe wat bouillon in de pan als het te droog dreigt te worden. Het moet smeuig blijven. Klop de eierdooiers met de citroensap. Als de levertjes gaar zijn – ze moeten er van binnen rose, maar niet bruin doorbakken uitzien – de pan van het vuur nemen. Roer het eimengsel erdoor heen en laat alles twee minuten staan. Geef bij de cibreo toast of stokbrood. Als het als hoofdgerecht gegeten wordt passen rijst of pasta er goed bij.
Dit gerecht kan men ook variëren door er b.v. gebakken paddestoelen (oesterzwammen of champignons) bij te doen.

## CÔTELETTES DE VEAU MAINTENON
### *Madame de Maintenon*

Een recept van Françoise d'Aubigné, Markiezin de Maintenon, tweede vrouw van Zonnekoning Louis XIV:

*4 kalfskoteletten*
*zout, peper*
*150 gram boter*
*35 gram bloem*

*3 dl melk*
*1 dl room*
*1 grote ui*
*2 eieren*
*100 gram champignons*

Bak de koteletten in ongeveer 90 gram boter op een niet te hoog vuur gaar. Doe er dan zout en peper op. Smelt 40 gram boter in een pannetje. Roer de bloem erdoor en voeg beetje bij beetje de melk en de room toe. Blijven roeren, dan wordt het een mooie blanke saus. Klop de eieren los en klop ze door de saus. Zout en peper naar smaak toevoegen. Koteletten uit de pan halen. In de rest van de boter de gesnipperde ui fruiten.
Niet bruin laten worden. De ui moet zacht en glazig zijn. Maak van de uisnippers een puree; met een vork prakken of de foodprocessor laten malen. Bak de champignons in de achtergebleven boter in de pan. Doe uienpuree en champignons door de saus en giet de saus over de – warmgehouden – koteletten.
Bij dit gerecht eten we bloemkool zoals men deze groente in de tijd van Louis XIV het liefst at (zie pag. 126).

## *Prins Charles en de Opera*

Prins Charles is beschermheer van de Royal Opera House in Londen en heeft daar een eigen 'Royal Box'. Achter deze box is een kleine eetkamer, waar de Prins met zijn gasten pleegt te dineren. Al het eten, zilverwerk, tafellinnen en glaswerk komt van het paleis.
Tijdens de eerste pauze in de opera trekken zij zich daar terug en gebruiken het voorgerecht en het hoofdgerecht.
Als het zaallicht dooft rept het gezelschap zich weer naar de royal box. Tijdens de tweede pauze gebruikt men pudding en koffie, met als gast één van de zangers of zangeressen.
De voorkeur van Prins Charles gaat uit naar Joan Sutherland en Placido Domingo.
Champagne komt Prins Charles de neus uit. In eten is hij maar matig geïnteresseerd. Hij drinkt geen koffie, thee alleen

om 5 uur 's middags. Het ontbijt van Prins Charles bestaat uit: cereal, melk en toast. Zelf maakt hij wel eens gegrillde steaks en bread and butter pudding. Bijna altijd eet de Prins buitenshuis met vreemden. Bij deze diners praat hij tijdens de eerste twee gangen met degene aan zijn rechterhand. Bij dessert en koffie met de vrouw links. Aldus de voormalige butler van de Prins.
Prins Charles is niet altijd even gelukkig met zijn officiële diners. Omdat het gebruikelijk is de tafelschikking zo te regelen dat mannen en vrouwen elkaar afwisselen is het onvermijdelijk dat de prins naast de vrouwen van de twee belangrijkste andere manlijke gasten komt te zitten. Dus zit hij bijvoorbeeld naast de vrouw van de burgemeester en de vrouw van een minister.
De prins heeft wel eens moeite om de conversatie met zijn tafeldames, die hun belangrijke plaats aan tafel vaak alleen maar te danken hebben aan de hoge posities van hun echtgenoten, aan de gang te houden.

## BREAD AND BUTTER PUDDING
### *Prins Charles*

*8 à 10 sneden brood besmeerd met boter*
*50 gram krenten*
*100 gram rozijnen (sultana's)*
*2 bananen, in plakjes gesneden*
*donkere stroop (er zijn Engelse blikjes met 'black treacle' verkrijgbaar)*
*600 ml. melk*
*kaneelpoeder*

Beboter een rechthoekige vuurvaste schaal. Leg op de bodem een laagje brood. Strooi hier wat krenten, rozijnen en plakjes banaan op. Giet er wat stroop over. Daarop komt weer een laagje brood. Ga zo door tot de laatste laag een broodlaag is.
Giet de melk, eventueel van een scheutje cognac voorzien, in de schaal over al het brood. Bestrooi de bovenste laag met kaneelpoeder. Bak de pudding ongeveer 40 minuten in de matig-warme oven.
Geef bij de pudding geklopte, gezoute slagroom.

*Houtsnede van M. Wohlgemuth uit 'de Schatbewaarder', 1491*

# EXTRA RECEPTEN EN CITATEN

## COCKTAIL
### *Alexander de Grote*

*1/3 creme de curaçao*
*1/3 cognac*
*1/3 room*

Goed schudden en in een cocktailglas serveren.

### *Prinses Anne van Engeland (The princess Royal)*

... houdt van paarden, niet van koken.
En ook niet van alcohol, oesters en exotisch voedsel.

### *Prins Charles van Engeland*

... houdt van roerei en gerookte zalm, pêche melba en bread and butter pudding.
Hij houdt niet van rode wijn, bah!-alweer-champagne en toetjes waarin chocola is verwerkt.

## WATERKERSSOEP
### *Diana, prinses van Wales*

Prinses Diana houdt van de Russische bietensoep, borsjt, van waterkerssoep, kippepootjes, chocoladecake met glazuur, gemberkoekjes, citroensoufflé, hamsalade, kaas, Lindt chocolade, starbars, kit-kat, smarties, zuurtjes en kauwgom.
Het recept voor waterkerssoep van Lady Di:

*25 gram boter*
*25 gram bloem*
*600 ml. warme kippebouillon*
*2 bosjes waterkers*
*enkele losse blaadjes waterkers*
*1/4 l. slagroom*
*zout en versgemalen peper*

Smelt de boter in een pan. Roer de bloem door de boter en laat dit 1 minuut zachtjes koken. Voeg beetje bij beetje de bouillon bij deze saus en blijf steeds goed roeren.
Was de waterkers en doe de waterkers, waarvan de harige uiteinden van de steeltjes eerst zijn afgesneden, bij de bouillon. Laat die 20 minuten op een zacht vuur koken. Zeef de bouillon en maal de waterkers fijn met behulp van een keukenmachine. Doe de gemalen waterkers terug in de bouillon en giet er wat room bij. Zet de soep enkele uren in de koelkast. De soep wordt koud gegeten en versierd met enkele blaadjes waterkers.

## *Edward VII (1841-1910)*

Zoon van koningin Victoria van Engeland. Dol op gokken, jagen (ook op vrouwen) en eten.
Zijn beroemdste minnares was de actrice Lillie Langtry. Ondanks zijn escapades had Edward VII toch nog tijd genoeg om bij zijn echtgenote Prinses Alexandra, die van Deense origine was, 6 kinderen te verwekken.
Edward VII hield van: eieren in aspic, oesters, forel, doorbakken roastbeef, aardbeien en kievitseieren.

## *Elisabeth I (1533-1603)*

... keek bij haar vader Henry VII de kunst van het picknicken af. 's Zomers trok zij per boot over de Theems en nam, behalve muzikanten, goed gevulde manden met eenden, kapoenen, konijnevlees, hammen, lamsruggen, rivierkreeften, zalm, karper, aardbeien, perziken, pruimen, taarten en Rijnwijn mee.
De Duitser Paul Hentzner bracht een bezoek aan haar hof en beschreef hoe het daar toe ging:

'Een man met een scepter kwam de kamer binnen met nog twee heren die een tafelkleed droegen dat zij, nadat zij driemaal in diepe eerbied geknield hadden, op tafel legden. Daarna verdwenen zij na nog eenmaal te hebben geknield.

Toen kwamen er twee andere mannen, één met een scepter, de ander met een zoutvat, een bord en een brood en nadat ze geknield hadden en de dingen die ze meebrachten op tafel hadden gezet, verdwenen ze weer op dezelfde manier.
Tenslotte kwam er een ongetrouwde vrouw binnen (men zei dat ze hertogin was), vergezeld van een getrouwde vrouw, die een mes droeg waarmee geproefd moest worden. De eerste, gekleed in witte zijde, knielde driemaal op zeer elegante wijze, en liep daarna naar de tafel, waar zij de borden met zoveel respect met brood en zout inwreef dat het leek of de koningin aanwezig was. Nadat ze enige tijd gewacht hadden kwamen de lijfwachten binnen, blootshoofds in het rood gekleed, met op hun rug een gouden roos. Zij brachten één voor één vierentwintig gerechten binnen, opgediend op schalen, vaak van goud; deze schalen werden op tafel gezet in de volgorde waarin ze gebracht werden, en de voorproefdame gaf elke lijfwacht een hap te eten van het gerecht dat hij had binnengebracht. Uit angst voor vergif.
Tijdens het binnenbrengen van het diner schalden een half uur lang in de hal twaalf trompetten en twee drums.
Aan het eind van de ceremonie verschenen enkele ongetrouwde dames, die plechtstatig het vlees van de tafel tilden en daarmee naar de privévertrekken van de koningin verdwenen, die als eerste kiest en de rest van het vlees aan haar hofdames overlaat.
De koningin eet alleen, met slechts een paar bedienden; en het komt maar zelden voor dat er iemand, een vreemdeling of een landgenoot, wordt toegelaten.'

Walter Scott vermeldt dat de Engelse admiraal Walter Raleigh, die in 1585 de aardappel uit Virginia in Engeland introduceerde, zich op een dag in het gezelschap bevond van koningin Elisabeth en haar gevolg. Hare Majesteit kwam tijdens een wandeling voor een modderplas te staan en Raleigh haakte onmiddellijk zijn met parels bestikte mantel los en spreidde die over de modder uit zodat de koningin kon passeren zonder haar voeten te besmeuren. Zij beloonde hem door hem tot admiraal te benoemen.

## *Elisabeth II (1926- )*

... houdt van kipsalade, tongfilets, haricots verts, doperwten, lamszadel, vers fruit en 'Bendick bittermints' (een soort 'After eight'). Als ze op reis gaat neemt ze haar eigen gerstewater mee. Zij houdt niet van schaaldieren en slakken. De kokkin van Koningin Elisabeth, die ook nog voor de koningin-moeder heeft gekookt en inmiddels met pensioen is, schreef twee kookboeken. Haar naam is Mrs. McKee en ze schrijft in haar *Royal Cookery Book*:

'Toen ik voor de koningin kookte, kookte ik om de koningin een plezier te doen. Meestal vermeed ik het om naar de gastenlijst met beroemde namen, die ik van de thesaurier kreeg, te kijken om me niet te laten afleiden. Als je je eenmaal begint af te vragen wat de ambassadeur van Timboektoe wel of niet lust kom je nergens.'

Eind 1988 verscheen het boek *By Royal Invitation – at Home With the Royal Family* van Unity Hall en Ingrid Seward, waarin uitgebreid de ontbijt-, lunch-, tea- en dinergewoontes van de hele koninklijke familie aan bod komen. Ze vermelden dat de favoriete thee van Hare Majesteit, een mengsel van Chinese en Indiase thee van het merk Twining, ook voor gewone mensen te koop is.

## *Gabriëlle d'Estrées (ca. 1570-1599)*

... was de geliefde van de Franse koning Henri IV, die zeer populair was bij zijn volk. Hij zorgde voor godsdienstvrijheid. De soldaten gaven de koning de bijnaam 'vert-galant' ('eeuwige jonge minnaar'). Gabriëlle d'Estrée speelde voor Henri IV op de luit en kookte ook wel eens voor hem. Onder andere het volgende gerecht:

### LAMSBOUT 'VERT-GALANT'

*1 lamsbout van 100 gram*
*100 gram mager gerookt spek*
*ansjovisfilets*
*2 kleine uitjes of sjalotjes*
*fijngehakte peterselie*
*1 laurierblad*
*basilicum (vers of 1 theelepel gedroogde)*
*een beetje dragon*
*peper*
*150 gram boter*
*100 ml. witte wijn*
*100 ml. bouillon*

Snijd de lamsbout hier en daar rondom in met een scherp mesje. Steek in deze sneetjes stukjes ansjovisfilets en stukjes spek. Bestrooi de lamsbout met versgemalen peper. Bak het overgebleven spek in een pan uit. Haal het spek uit de pan, doe de boter bij het achtergebleven spekvet en braad daar de lamsbout in, zodat de bout aan alle kanten mooi bruin ziet. Zet dan het vuur wat lager, voeg de kruiden toe, de wijn en de bouillon en braad de bout in ongeveer 50 minuten rosegaar. Bedruip het vlees af en toe met het vocht in de pan. Doe als het vlees goed is de spekjes er weer bij.

## *Frederik de Grote (1712-1786)*

... van Pruisen liet zijn koffie niet met water maar met champagne maken.

## *Koning Gustaaf van Zweden (1882-1973)*

... bracht een bezoek aan Engeland. Mrs. McKee, kokkin van de Engelse koninklijke familie, wist dat hij een gevoelige maag had en besloot voor hem het volgende gerecht te maken:

### GEPOCHEERDE TARBOTFILETS IN BOTERSAUS

*4 tarbotfilets*
*1 glas visbouillon*
*1 eetlepel bloem*
*1 glas witte wijn*
*50 gram boter*
*sap van 1/2 citroen*
*peper*
*zout*
*peterselie*

Giet de bouillon en de witte wijn in een vuurvaste schaal. Leg hier de visfilets in en pocheer ze ongeveer 15 minuten in de oven. Haal de vis eruit en houd de filets warm. Smelt 25 gram boter en roer hier de bloem door. Giet hier weer het vocht (visvocht, bouillon en wijn) uit de schaal bij en roer het goed door. Laat dit vocht op een laag vuur tien minuten staan. Roer af en toe. Meng de rest van de boter en het citroensap door deze saus en breng deze op smaak met peper en zout. Doe de visfilets in de saus en versier het gerecht met peterselie.

De Zweedse koning kwam Mrs. McKee persoonlijk in de keuken opzoeken om haar te bedanken en te complimenteren.

## *Henri IV (1553-1610)*

... was o.a. gehuwd met Maria de Medici. Zij kregen zeven kinderen.
Henri IV stond zeer onder de invloed van zijn minnares Diane de Poitiers, die overigens 20 jaar ouder was. Van Henri IV is de uitspraak dat een ieder van zijn onderdanen op zondag recht had op een kip in de pan.

### POULE-AU-POT

*1 maiskip van ca. 1000 gram*
*1 stuk soepkip, wat kippemaagjes, vleugeltjes e.d. om bouillon van te trekken*
*1 kalfsschenkel*
*3 wortelen*
*1 klein wit kooltje*
*1 koolraapje*
*3 uien, waarin wat kruidnagels zijn gestoken*
*2 preien*
*1 selderijstengel*
*peterselie*
*laurierblad*
*1 1/2 liter water*
*zout*
*peper*

voor de vulling:

*1 dikke plak rauwe ham van ca. 100 gram, in stukjes gesneden (of een plak bacon)*
*2 tenen knoflook*
*2 eetlepels gehakte peterselie*
*fijngehakte kervel of dragon*
*2 losgeklopte eieren*
*broodkruim*
*melk*
*zout en peper*
*nootmuskaat*

Trek een bouillon van de stukken kip, de schenkel, de groenten en de kruiden. Maak de vulling: week broodkruim in wat melk. Meng daar alle fijngesneden ingrediënten voor de vulling door, maar bewaar de losgeklopte eieren tot het laatst. Vul hier de kip mee en maak de uiteinden van de kip dicht met draad of twee cocktailprikkers. Laat de bouillon afkoelen en verwijder de vetlaag. Zeef de soep. Breng de bouillon weer aan de kook en laat hier de gevulde kip in zakken. Laat de kip in ongeveer 1 uur op een zacht vuur gaar worden. Op het laatste moment kan men nog wat groenten (gesneden wortel, stukjes aardappels, stukken ui, sperziebonen) in de bouillon laten meekoken.
Haal de kip uit de bouillon en snijd haar in stukken. Snijd de vulling in plakken. Verdeel kip, vulling en groenten over de borden en schep er bouillon over.

## *James II (1633-1701)*

... beval Samuel Pepys (1633-1703) een smakelijke saus aan. Pepys zegt daarover:

'Hij dineerde en roemde zijn saus, die hij bij alles at en zei dat het de beste, veelzijdigste saus ter wereld was, die hem door de Spaanse ambassadeur was geleerd: een saus gemaakt met peterselie en droge toast, in een vijzel fijngemaakt met azijn, zout en een beetje peper; hij eet het bij vlees en gevogelte, of vis... Ik proefde het bij alles en vond het verrukkelijk'.

Gedurende de regeringsperiode van James II was Pepys secretaris van de admiraliteit.

## *Karel de Grote (742-814)*

... hield niet van dronken mensen.
Hoewel hij matig was met eten en drinken, hield hij ook niet van vasten, omdat hij zich op vastendagen zwak voelde.
Zijn hoofdmaaltijd bestond uit vier gangen.
Hoewel doktoren hem aanrieden gestoofd vlees te eten in plaats van geroosterd vlees, bleef hij toch het meest houden van het wild dat zijn jagers hem brachten en dat aan een spit geroosterd werd.

### KIR ROYAL

Een scheutje crème de cassis, aanvullen met champagne, in een champagneglas serveren.

## *Koningin-moeder Elisabeth van Engeland*

Zij was de echtgenoot van Koning George VI, die Edward VII na diens troonsafstand opvolgde. Haar eigen naam is Elisabeth Bowes-Lyon. Zij is de dochter van de Graaf van Strathmore en woont op Clarence House.
De Koningin-moeder houdt van een gin-tonic om 11.45 uur in de ochtend.
De Observer vertelt over het verschil tussen moeder en dochter:

> 'Ze leeft er goed van. Kleermakers en modeontwerpers die de koninklijke contouren komen passen en spelden in zowel Clarence House als Buckingham Palace, kunnen de ontvangst goed vergelijken.
> In Clarence House krijgen zij thee met room en scones, jam en komkommersandwiches, en in Buckingham Palace thee met een biscuitje'.

Kokkin Mrs. McKee vertelt dat de koningin-moeder liever het eten laat wachten op de gasten die nog een glaasje drinken, dan de gasten te laten wachten op het eten.

## OMELET EN LIKEUR

## *Louis XIV (1638-1715)*

Tijdens de regeringsperiode van Lodewijk de Veertiende bloeide de kookkunst op. Het is een tijd van feesten en banketten. Een van de beroemdste koks uit die tijd was François Pierre de la Varenne. Hij schreef twee kookboeken, die nu nog de basis vormen voor de Franse Haute Cuisine: *Le vray cuisinier* en *Le Pastissier François*. Een van Varenne's gerechten bestond uit:
een omelet gevuld met hardgekookte eierdooiers, knapperig gekookte, gesneden, champignons en kruiden.
Jean Anthelme Brillat-Savarin was van mening dat we aan Lodewijk de Veertiende de uitvinding van de likeur te danken hebben. Op latere leeftijd had de Koning nogal eens last van zwaktes. Om hem wat op te peppen mengde men cognac met suiker en een of ander kruiden- of vruchtenextract.

## *Madame de Maintenon (ca. 1635-1719)*

... was de tweede echtgenote van Lodewijk de Veertiende. In de loop der jaren verwekte Lodewijk een hele reeks onwettige kinderen (behalve bij Madame de Maintenon). Van 13 van hen erkende hij het vaderschap.
Een uitspraak van Madame de Maintenon:

'Wij zijn nog steeds in de erwtenperiode... Het ongeduld bij het eten ervan, de voldoening ze gegeten te hebben, en het plezier om ze daarna weer te eten, zijn drie dingen die onze prinsen al vier dagen bezig houden.

Er zijn dames die, nadat ze al met de koning gesoupeerd hebben, naar huis gaan om daar weer een bord erwten te eten voor ze naar bed gaan. Het is een modeverschijnsel, een dwaasheid...'

## *Mary I, koningin van Engeland (1516-1558)*

... verafschuwde het protestantisme. Naar haar werd de cocktail 'Bloody Mary' genoemd. Deze cocktail, gemaakt met tomatensap en een scheut wodka, werd in 1920 bedacht door Ferdinand Petoit van Harry's Bar in New York.

## *Prinses Margaret (Rose) van Engeland (1930- )*

... is verreweg de avontuurlijkste van de koninklijke familie. Volgens Mrs. McKee is zij, in tegenstelling tot de anderen, altijd bereid iets nieuws te proberen. Een van haar favoriete lunchgerechten is:

### GEVULDE KOMKOMMER

Schil een komkommer en snijd de komkommer in de lengte doormidden. Verwijder de zaadjes. Droog de komkommerhelften af met een doek. Leg één helft in een met boter besmeerde vuurvaste schaal. Strooi er wat paprikapoeder over en vul de komkommer met gaar gebakken lamsgehakt.
Leg de andere helft van de komkommer er op. Strooi er geraspte parmezaanse kaas over en zet de schaal ca. 20 minuten in een niet te hete oven.
Leg er enkele knapperig gebakken plakjes bacon bij. Peper en zout naar smaak toevoegen.

## *Marie-Antoinette (1755-1793)*

... was koningin van Frankrijk. Zij was verliefd op de Zweedse graaf Axel von Fersen die over haar schreef: 'Haar ogen waren niet mooi, maar ze konden elk gevoel uitdrukken... Ik ben er niet zeker van of haar neus bij haar gezicht paste. Haar mond was opvallend onaangenaam... haar huid was prachtig, evenals haar schouders en haar nek; haar boezem was een beetje te gevuld en haar figuur had eleganter kunnen zijn... maar ik heb nooit zulke mooie armen en handen gezien...'
Marie-Antoinette werd op 16 oktober 1793 in Parijs terechtgesteld. De nacht voor haar dood verorberde ze zes koteletjes, een kip, enkele eieren en verschillende glazen witte wijn.

## *Catherina de Medici*

Over haar doen vele verhalen de ronde. Men beweert dat zij de uitvindster van de cocktail is. Zo dronk zij 'Populé': een cocktail van brandewijn, rozewater, suikersiroop en Italiaanse wijn; en 'Rossoli': brandewijn, kaneel, suiker en Spaanse wijn.
'Aqua aurei' werd gemaakt met anijslikeur, kaneellikeur en vloeibare amber (een soort hars).

### NAPOLEON-COCKTAIL

*1 scheutje Fernet Branca*
*1 scheutje Curaçao*
*1 scheutje Dubonnet*
*1 glas dry gin*

Goed schudden en in een cocktailglas doen. Een schijfje citroen op de rand van het glas.

### POULET MARENGO
## *Napoleon Bonaparte*

*1 (mais)kip*
*4 eetlepels olijfolie*
*4 tomaten, ontveld en grof gehakt*
*1 teentje knoflook*
*zout*
*1/2 dl. cognac*
*4 rivierkreeftjes of grote garnalen*
*4 eieren*

Laat de kip in 4 stukken snijden door de poelier. Braad de stukken kip in wat olie rondom bruin. Voeg de tomaten toe en de knoflook. Giet hier de cognac over en flambeer de kip. Voeg wat water toe en laat de kip in ongeveer 20 minuten gaar worden. Grill of bak de garnalen gaar. Eventueel met wat knoflook. Dit duurt ca. 5 minuten. Bak de eieren in wat olie in een koekepan. Als de kip gaar is, de rivierkreeftjes en de eieren erom heen leggen. Geef er brood bij.

Men kan dan op het bord zelf met brood en saus een 'panade' maken.
Zie voor de geschiedenis van dit recept pagina 128.

## *Tsaar Peter de Grote (1672-1725)*

In 1854 werd in Londen een boek gepubliceerd van dr. John Doran, waarin een diner van de Tsaar beschreven wordt:

'Zijn smaak is niet erg koninklijk. Zijn voorkeur gaat uit naar een soep met vier koolsoorten, watergruwel, varkensvlees met een zure roomsaus; koud, geroosterd vlees met ingemaakte komkommer of sla, citroenen en lampreien, zout vlees, ham en Limburgse kaas. (...) Bij de maaltijd nam hij grote slokken kwas, een soort bier dat de Egyptenaren zouden verafschuwen, en tot slot dronk hij Hongaarse en Franse wijn. En dit was de maaltijd van een man, die net als zijn land, in een overgangsfase is van barbarij naar beschaving en die zijn diners begon met koolwater en besloot met glazen bourgogne.'

De reizen die Tsaar Peter door Europa maakt en met name zijn kontakten met Zweden hebben er voor gezorgd dat de Russische zakuski (kleine verschillende hapjes) beïnvloed werden door Zweedse gerechten als gezouten en ingemaakte vis, appels, aardappels, augurken, allerlei soorten kaas, worstjes, geconserveerd vlees en donkerbruin brood.

## *Prins Philip van Engeland (1921- )*

Tijdens een lunch die de Prins werd aangeboden door het Verbond van Amerikaanse Correspondenten in Londen vergeleek Prins Philip, die actief is in het Wereldnatuurfonds, het deelnemen aan de jacht met het werk van de slager:

'Ik denk niet dat het moreel verwerpelijker is dieren te doden om de sport, dan dit te doen om geld, zoals de slager doet.'

Hij probeerde zijn zienswijze te verduidelijken door er aan toe te voegen dat 'wat een prostituée doet niet verwerpelijker is dan wat een gewone vrouw doet, al doet de prostituée het om geld.'

Prins Philip heeft in de keuken van Buckingham Palace een eigen Tefalpannetje met glazen deksel, waar hij wel eens een omelet in bakt. Hij doet het zo:

*2 eieren per persoon*
*1 eetlepel water*
*25 gram boter*
*2 plakken bacon, knapperig gebakken*
*zout*
*peper*
*peterselie*

Klop de eieren met het water, peper en zout schuimig. Smelt de boter in de pan en zorg dat de hele bodem met een laagje boter bedekt is. Giet het eimengsel in de pan en til steeds hier en daar de randen van de omelet op om het nog vloeibare eimengsel eronder te laten glijden. Als de omelet klaar is: dubbelvouwen. Leg de plakjes bacon erbij en strooi er wat fijngehakte peterselie over.

## *Madame de Pompadour (1721-1764)*

Haar echte naam was Jeanne Antoinette Poisson en ze was een van de minnaressen van Lodewijk de Vijftiende. Men zegt dat zij een dieet hield van vanille, truffel en selderij om haar hartstochtelijke gevoelens wat af te zwakken.
Madame de Pompadour was van mening dat champagne de enige drank was waarvan je na het drinken mooi bleef.
In haar paleis 'Bellevue' zette Madame de Pompadour de koning lekkere hapjes voor. Kosten nog moeite werden gespaard:

### TONGFILETS À LA POMPADOUR

*8 royale tongfilets*
*4 rivierkreeftjes*
*1 fijngehakt truffeltje (eventueel uit blik)*
*100 gram champignons*
*2 eierdooiers*
*1 fles champagne (of droge witte wijn of champenoisewijn)*

*1 worteltje*
*1 uitje*
*peterselie*
*laurierblad*
*1/8 liter slagroom*
*klontje boter*

Snijd de champignons in plakjes. Snijd de truffel in kleine stukjes. Meng champignons en truffel met de eierdooiers. Het moet een stevig mengsel worden, want de tongfilets worden hiermee gevuld. Zet de gevulde tongrolletjes vast met een cocktailprikker of bind het rolletje vast met draad. Breng een halve fles champagne (wijn) met wortel, ui, peterselie en laurier aan de kook. Laat het even zachtjes pruttelen. Vuur laag draaien. Leg de tongrolletje en de rivierkreeftjes in de wijn en laat alles ongeveer 8 minuten pocheren. Dan zijn de rolletjes wit en dus gaar. Schep ze voorzichtig uit de pan op een warme schaal. Leg de kreeftjes ernaast.
Zeef het vocht uit de pan en kook het in tot er ongeveer 200 ml. overblijft. Roer hier een klontje boter en de slagroom door en geef deze saus bij de tongfilets 'Pompadour'.
Drink de rest van de inhoud van de fles hierbij op.

### ROYAL COCKTAIL

*1/3 Franse vermouth*
*1/3 dry gin*
*1/3 sherry brandy*

Goed roeren en in een cocktailglas schenken.

## *Madame de Sévigné (1626-1696)*

... vertelt in één van de ongeveer 1500 brieven die van haar bewaard zijn gebleven over het bezoek van de Franse koning Louis XIV aan de Prins de Condé. Uit haar brieven komt men veel te weten over het leven aan het Franse hof. Hier de geschiedenis van opperkok Vatel:

'De koning kwam op donderdagavond aan; de rit, het lichte souper op een plek waar narcissen bloeiden, alles verliep zoals men kon wensen. Het souper werd opgediend, maar er waren een paar tafels waar geen vlees werd gebracht, vanwege het aantal onverwachte gasten. Dit greep Vatel erg aan; verschillende malen zei hij: "Ik heb mijn eer verloren, ik kan deze schande niet verdragen." Hij zei tegen Gourville: "Mijn hoofd duizelt, ik heb al twaalf nachten niet geslapen; help me met het geven van bevelen." Gourville hielp hem zoveel als hij kon. Het ontbrekende vlees op de vijfentwintigste tafel (op de tafel van de koning was wel vlees) liet hem niet meer los. Gourville vertelde dit aan de Prins de Condé. De prins ging naar Vatel's kamer en zei hem: "Vatel, alles is in orde; het souper voor de koning was voortreffelijk." "Hoogheid, ik ben geroerd door uw vriendelijkheid; maar ik weet dat er op twee tafels vlees ontbrak."

"Ach," zei de Prins, "maak je geen zorgen, alles ging heel goed." Om middernacht mislukte het vuurwerk, omdat het verborgen bleef achter de wolken; het had zestienduizend franc gekost. Om 4 uur in de morgen dwaalde Vatel rond en zag dat iedereen sliep; hij ontmoette een koopman die zojuist een paar mandjes verse vis had gebracht en vroeg hem: "Is dat alles?" "Jawel, meneer," antwoordde de koopman, niet wetend dat Vatel in alle zeehavens vis had besteld.

Vatel wachtte nog enige tijd, maar er kwamen geen andere leveranciers. Hij raakte overstuur en hij vreesde dat er geen verse vis meer aangevoerd zou worden. Hij zocht Gourville op en zei tegen hem: "Ik overleef deze schande niet". Gourville lachte. Vatel ging naar zijn kamer, plaatste zijn zwaard tegen de deur en liep in het zwaard. Pas bij de derde steek, de eerste verwondingen waren niet fataal, viel hij dood neer.

Van alle kanten was er inmiddels vis gebracht en men had Vatel nodig om de zaken te regelen. Ze gingen naar zijn kamer, klopten, braken de deur open en vonden hem badend in het bloed. De prins was wanhopig toen hij dit hoorde en vertelde de koning bedroefd het verhaal. Men zei dat Vatel het gedaan had omdat hij zo gevoelig was wat zijn eer betrof: en men prees hem. Gourville probeerde het verlies van Vatel goed te maken; en het wás goed; het diner was uitstekend, evenals het souper, de wandelingen, de spelletjes, de jachtpartij, en alles rook naar narcissen. Het was betoverend.'

## *Agnès Sorel*

Agnès Sorel (ca. 1420-1450) was de maîtresse van de Franse koning Karel VII. Ze was beeldschoon en had een grote invloed op de wat onevenwichtige koning. Men zegt dat zij vaak zelf voor haar koning kookte. Van de koning kreeg zij het kasteel Beauté-sur-Marne, waaraan zij haar naam 'Madame de Beauté' dankt. Uit hun verhouding werden vier kinderen geboren. Na de geboorte van haar vierde kind stierf Agnès Sorel op zeer jeugdige leeftijd. Men vermoedt dat zij is vergiftigd door de latere Lodewijk XI. In het kasteel van Loches hangt een mooi, anoniem, portret van haar.

### POIRES À L'ORANGE

*4 grote handperen*
*1 kopje suiker*
*3 kopjes water*
*sap van een grote sinaasappel*
*1 eetlepel oranje curaçao of andere sinaasappellikeur (b.v. Grand Marnier)*
*schil van 1 sinaasappel*

Was en schil de peren. Laat de steeltjes eraan zitten. Breng water en suiker aan de kook. Leg de peren in dit suikerwater en laat ze ongeveer 10 minuten tegen de kook aan hierin liggen. Haal de peren uit het suikerwater en zet ze in een mooie schaal rechtop, steeltjes naar boven. Kook het suikerwater in tot het een stroopje is geworden. Doe hier het sinaasappelsap bij, de met een zester in dunne reepjes gesneden sinaasappelschil en de curaçao (of Grand Marnier). Giet deze saus over de peren. Af laten koelen.

## *Taillevent (ca.1310-ca.1395)*

... was chef-kok van Charles VI. Hij schreef het allereerste Franse kookboek *Le Viandier*. Voordat hij in dienst trad bij Charles VI, was hij kok bij Philip van Valois en Charles V. Hier zijn twee van zijn recepten:

### UIENSOEP

*500 gram uien*
*250 gram verse of diepvries doperwten*
*1 dessertlepel azijn*
*150 ml. droge cider*
*100 gram boter*
*1 liter water*

Snijd de uien in dunne ringen en bak ze in een grote pan in boter. Voeg af en toe wat water toe om verbranden te voorkomen. Breng 300 ml. water aan de kook in een andere pan en kook daarin de erwten 5 à 10 minuten tot ze zacht zijn. Giet ze af en maak ze fijn. Doe de doperwten, cider, azijn en de rest van het water bij de uien en laat alles 30 minuten zachtjes koken.

### ENGELSE STOOFPOT (CA. 1380)

*500 gram gepelde kastanjes*
*8 hardgekookte eigelen*
*250 gram lever*
*150 ml. water*
*saffraan*
*versgemalen peper*

Snijd de kastanjes en de lever in stukjes. Doe de lever en kastanjes in het water in een pan en breng het water aan de kook. Laat het op een zacht vuur 10 minuten sudderen.
Snijd ook de eigelen in stukjes en doe die met de saffraandraadjes en de peper in de pan. Laat dit nog 3 minuten sudderen en dien daarna op.

Een wat eenvoudiger te maken koninklijk dessert, een lievelingsgerecht van Koningin Victoria (1819-1903) is:

### TRIFLE

*plakken cake*
*gele vla, uit een fles of zelfgemaakt*
*scheut rum*
*vruchten, liefst vers, eventueel aangevuld met fruit uit blik*

Leg op de bodem van een (liefst glazen) schaal de plakjes cake. Besprenkel de cake royaal met rum. Leg hier stukjes vruchten op, bijvoorbeeld: banaan, peer, aardbeien (níet uit blik), appel, perzik (eventueel uit blik), ananas, bessen.
In Engeland legt men tussen de cake en de vruchten nog een laag jelly. Jelly is in Nederland in snelle kant-en-klaar pakjes te koop. Ik vervang de jelly wel eens door enige likken jam.

Giet de vla over de vruchten en laat alles even trekken. Geef bij de trifle niet te stijf geslagen, iets gezoete slagroom. Versier eventueel de bak trifle nog met wat vruchten.

ZELFGEMAAKTE GELE VLA

*6 dl. melk*
*1 vanillestokje*
*4 eieren*
*2 eetlepels maizena*
*100 gram suiker*

Laat het vanillestokje een half uur in de melk, die tegen de kook aan wordt gehouden, trekken. Splits de eieren. Klop de dooiers met de maizena en de suiker in een grote schaal schuimig. Haal het vanillestokje uit de melk. Giet een beetje warme melk bij het eimengsel en roer goed door. Giet dit alles terug bij de melk in de pan. Blijf roeren tot de vla 'lobbig' is. Af laten koelen.

Koningin Victoria (1819-1901) hield behalve van trifle ook van Brown Windsorsoep, Haggis, gekookte kip, chocoladetaart en cranberrytaart, maar niet van mannen die na het eten nog wat bleven hangen.

## *Koningin Wilhelmina van Nederland (1180-1962)*

Auguste Escoffier heeft een gerecht naar haar genoemd toen hij een keer voor haar mocht koken: 'Fraises Wilhelmina'. Aardbeien gedrenkt in sinaasappelsap en kirsch, versierd met slagroom.

*Prinses Elisabeth en de koningin*

Hoofdstuk 6

# Koken rond het jaar 0

het eten van de oude Egyptenaren, Grieken en Romeinen

## *Eten in de tijd van de farao's*

Afbeeldingen en teksten van een paar duizend jaar voor Christus geven een idee van wat er in die tijd werd gegeten. Aan grafschriften danken we vele gegevens over het dagelijks leven in het oude Egypte.
Op allerlei afbeeldingen komen we voedsel tegen dat we ook nu nog onmiddellijk herkennen: eenden, ganzen, poon, karper, aal, courgettes, bosjes lenteuitjes, een vijgeboom met plukgrage apen.
Omstreeks 2800 v.Chr. werd neergeschreven waar een feestmaal uit bestond: gebraden vlees, ganzen, eenden, duiven. Er werden zes soorten wijn en vier soorten bier gedronken. Men at zestien soorten brood en gebak en elf soorten fruit.
Egyptenaren zochten elkaar graag op om aan een feestmaal 'een vrolijke dag' te vieren. Die maaltijden werden opgeluisterd met muziek en dans. In het British Museum in Londen kan men een schildering op kalk zien van zo'n feestmaal, afkomstig uit het graf van Nebamoen in Thebe.
In Egypte werd voor het eerst 'gerezen' brood gegeten, dat veel smakelijker en luchtiger was dan het compacte brood. Misschien werd dit brood bij toeval ontdekt doordat men een keer het water, waarmee het deeg werd aangemaakt, verving door bier.
Bier in het oude Egypte heette 'haq' en werd vervaardigd van rode gerst. Er bestaat een tekst op papyrus van ongeveer 1400 v.Chr. die luidt: 'Wordt niet dronken in het café, waar

ze bier drinken. Mensen herhalen woorden uit uw mond, die u zich niet meer kunt herinneren'.
Favoriete groenten waren: bleekselderij, meloen, radijs, artisjok, prei, lotuszaden. Voor het klaar maken van voedsel gebruikte men olijfolie. De vijg en de dadel waren zeer populair. Dadels van de palmboom werden zowel gedroogd als vers gegeten en van het sap maakte men een siroop, die werd gebruikt in puddingen en bij vleesgerechten. Deze siroop gebruikte men ook in plaats van honing, en men maakte er limonade mee. Aan dadels was geen gebrek: een gemiddelde palmboom wordt 60-70 jaar oud en levert per jaar zo'n 100 pond dadels.
Men brouwde ook een drankje van dadelsap, zoet bier en krokodillenmest dat hielp tegen astma.
De zoete vijg was eveneens een geliefde vrucht, niet alleen vanwege de smaak, maar ook vanwege de gunstige laxerende werking.
Men lette bij eten niet alleen op de smakelijkheid van een gerecht, maar ook op de gunstige uitwerking op de gezondheid. Had een van de gasten aan tafel iets teveel gedronken, dan kreeg hij wat mierikwortel aangereikt.
Uit afbeeldingen weten we ook wat de bouwers van de pyramiden aten. Ze kregen een soort gerstepap met brood en uien en knoflook. De meeste mensen in Egypte woonden langs de vruchtbare oevers van de Nijl. Men kweekte er verschillende peulvruchten en een van de oudste Egyptische groenten: melokhia, een soort malva (kaasjeskruid). In het Nijlmoeras en de kanalen daarin werd op aal, karper, baars en mul gevist.
Er werd zoveel vis gevangen, dat Egypte gedroogde en gezouten vis naar Syrië en Palestina kon exporteren.

## *Vergeten zaden*

Je zou denken dat we nu wel zo'n beetje alles van de oude Egyptenaren afweten en dat er inmiddels ontdekt is wat er te ontdekken valt. Maar in mei 1988 ontdekte de Franse archeologiestudent Christian Tutundjian de Vartavan, ergens in een kamertje van de Koninklijke Botanische tuinen van Kew in Engeland, een aantal dozen met zaden erin. Deze zaden bleken afkomstig te zijn uit het graf van Toetankamon, dat in 1922 werd ontdekt. In totaal vond hij zo'n twee kilo verschillende zaden van 3300 jaar oud, die totaal vergeten waren en nooit waren onderzocht. In de dozen vond men behalve olijfbladeren, gedroogde korenbloemen, kikkererwten en meel om brood te bakken, ook korianderzaad, sesamzaad, fenegriek, komijnzaad, jeneverbessen, dadels en watermeloen.

De vijfde Graaf van Carnarvon was de man die samen met Howard Carter het graf van Toetankamon ontdekte. Deze graaf bewoonde Highclerc Castle, een kasteel dat inmiddels in het bezit is van de kleinzoon, de zevende graaf van Carnarvon. In 1988 maakte de voormalige butler van de oude graaf zijn nieuwe heer attent op een wat vergeten kast, waar altijd tafels voor stonden. In deze kast vond men opeens allerlei oud-Egyptische vergeten schatten, zoals amuletten, scarabeeën en kralen...

In totaal zo'n 300 dingen, weliswaar niet afkomstig uit het graf van Toetankamon, maar toch een aardige vondst. Toen men eenmaal aan het zoeken was vond men bovendien in de donkere kamer van de oude graaf, die nooit meer gebruikt werd, nog veel meer vergeten voorwerpen van archeologische origine.

Leidse archeologen zijn op het ogenblik bezig met opgravingen bij het graf van de schatbewaarder van Toetankamon: Maya.

In 1986 werd dit graf bij toeval ontdekt in de buurt van de stad Sakkara in Egypte en hoewel het graf al vóór Christus werd geplunderd, heeft men toch vele interessante brokstukken met inscripties en schilderingen, gebruiksvoorwerpen, aardewerk, met goud ingelegd glas, ivoor en brons gevonden.

Overigens kan men in het Oudheidkundig Museum in Leiden een groot beeld van deze Maya en zijn vrouw Merit zien.

Begin deze eeuw, in 1903, werd bij opgravingen op de plek waar vroeger de stad Ninivé lag, een bibliotheek met kleitabletten gevonden, die uit de tijd van de bezetting van Egypte door de Assyriëres stamt (800 v.Chr.). Op die tabletten stond, behalve de geschiedenis van het bewind van koning Assoerbanipal ('Assoer', stad- en godsnaam waar de naam Assyrië van is afgeleid), ook een lijst kruiden en specerijen gegrift, die bij maaltijden of in de geneeskunde gebruikt werden: tijm, kardamom, saffraan, maanzaad, komijn, knoflook en 'sylphium'. Alleen die laatste naam is ons onbekend. Alle andere kruiden vinden we vandaag nog in het kruidenrek van de supermarkt.
De stad Ninivé lag in wat wij nu Irak noemen, aan een zijarm van de Tigris. Deze 'bibliotheek van Assoerbanipal' bevatte 2000 verschillende tabletten met wetenschappelijke, literaire, religieuze en historische teksten - sommige in verschillende exemplaren - door de koning bijeengebracht uit oudere Assyrische bibliotheken, al meegenomen uit Babylonië en door rondtrekkende schrijvers volgens nauwkeurige instructies aangevuld. De bibliotheek was systematisch geordend, zoals uit deelcatalogi en tabletlabels blijkt.
De collectie is helaas in de oudheid al ernstig beschadigd en in wanorde geraakt. Ze kreeg de naam 'K-collectie' (naar Kuyunyik, de naam van de paleisruïne in Ninivé) en bevindt zich in het British Museum in Londen.
In de loop van de 7e eeuw v.Chr. (tijdens de 26e dynastie) werd Egypte bevrijd van de Assyriërs.
In die tijd genoot men van: warm en koud vlees, geroosterd of gebakken of gemarineerd in kruiden en yoghurt, gezouten schapevlees met granaatappelen en eieren, gevulde wijnbladeren, gemarineerde kip, pudding gemaakt van eieren, honing, melk, boter, suiker en rijst (rijstpudding zouden we nu zeggen), rundvlees met azijn en spinazie, kweeperengelei met amandelen, gevulde walnoten en gevulde dadels.
In het jaar 525 v.Chr. veroverden de Perzen, met aan het hoofd de rijke, machtige koning Darius, Egypte. Darius had driehonderd koks en tientallen 'sommeliers' in dienst. Tij-

dens feesten keek hij, gelegen op een gouden bed op een verhoging, naar zijn gasten, die al naar gelang hun belangrijkheid te eten kregen. De hoogste gasten aten verfijnder en luxueuzer dan de minder belangrijke.
Het lievelingsdessert van Darius was een sorbet gemaakt van sneeuw, honing en rozewater.
Ook de farao's kenden het 'ijsje-toe': zij aten een vruchtenmoes die werd opgediend in een dubbelwandige, met sneeuw gevulde beker.
Dat de Perzische invloed in Egypte niet gering is geweest, blijkt uit het feit dat in een Arabisch kookboek van 1226 ná Chr. veel gerechten nog steeds een Perzische naam hebben.
Al dat oorlogvoeren, veroveren en reizen zorgden ervoor dat men kennismaakte met elkaars 'keuken'; de gevulde wijnbladeren van Khusrow II vinden we nu nog als 'dolmas' terug in de Griekse keuken en het platte broodje, dat men ten tijde van de farao's met iets lekkers vulde, kopen we nu als 'pita' of 'sjoarma'-broodje bij de slager.
Vele oud-Egyptische gerechten verschijnen ook nu nog nauwelijks veranderd, in Egypte op tafel.
Bonengerechten, met o.a. die hele grote 'fava'-bonen, zijn nog steeds favoriet.
Het doorsnee-menu in het oude Egypte bestond uit: soep, vlees of vis, bonen soms rijst, brood, salade en vers fruit.

## *De oude Grieken*

Het tijdperk van Alexander de Grote (356-323 v.Chr.) was voor Griekenland een belangrijke periode, niet alleen door zijn veroveringen, maar vooral ook omdat hij verschillende landen en volkeren met elkaar in kontakt bracht. Zelf gaf hij het goede voorbeeld door een Perzische prinses te trouwen.
Alexander de Grote stichtte de havenstad Alexandrië in Egypte, vanwaar handel ontstond in specerijen als peper, koriander en kaneel. Deze kruiden werden door de Grieken geïmporteerd en toegevoegd aan de enorme hoeveelheid kruiden waarover ze al beschikten. Ik noem: anijs, venkel,

oregano, knoflook, pepermunt, tijm, peterselie enz. De oude Grieken vereerden de peterselie. Ze geloofden dat peterselie was ontstaan uit het bloed van hun mythologische held Archemorus. Peterselie zou dronkenschap tegengaan. Een kransje van gevlochten peterselie op het hoofd zou bij overmatig feestvieren en drinken wonderen verrichten.
Veel kruidennamen zijn van Griekse oorsprong:
Rozemarijn komt van ros (dauw) en marinus (uit zee komend).
Dragon komt van drakon (draak).
Basilicum van basileus (koning).

Ongeveer 200 v.Chr. stelde de uit Egypte afkomstige maar in Griekenland wonende Atheneaus een boek samen van 25 delen dat *Deipnosophistoi* heette, waarin hij op gossip-achtige manier het leven van alledag beschreef. Uit die boeken weten we wat men graag at.
Een van de gerechten die in die tijd in de mode kwam was de 'mezze', een hors d'oeuvre samengesteld uit allerlei kleine hapjes. Lang niet iedereen vond deze modegrill een culinair succes. De Griekse schrijver Lynceus noteerde dat zo'n diner een belediging voor een hongerig mens is:

'Koks zetten een groot blad voor je neer met vijf kleine bordjes. Op één bordje ligt knoflook, op een ander een paar zeeëgels, op weer een ander wat gemarineerde vis, op een vierde bordje tien kokkels en op het kleinste bordje een stukje steur. Terwijl ik het ene eet, eet een ander het andere. Wat ik wil is allebei, maar mijn wens is onmogelijk. Het mag lijken dat je gevarieerd eet, maar in werkelijkheid bevredigt het de maag niet.'

De protesten hebben niet veel geholpen, want ook nu nog kun je in elk Grieks restaurant deze – heerlijke – mezzes's eten.

Vóór Atheneaus, ongeveer 350 v.Chr., schreef de filosoof Archestratus *Hedypatheia*, een verzameling recepten van gerechten die hij op zijn reizen door het land was tegengekomen.
Behalve recepten stonden er ook adviezen in. Zo ried hij de

Atheners aan om in plaats van gedroogde gezouten tonijn uit de Zwarte Zee verse tonijn te eten als het herfst was. Uit verschillende oude geschreven bronnen leren we dat de Grieken aan tafel een zoetige wijn dronken, die met water werd aangelengd. Ook de naar hars smakende wijn, die ontstond doordat vaten aan de binnenkant met hars werden ingesmeerd, bestond toen al. Tegenwoordig wordt deze harssmaak aan de retsina toegevoegd.

Pas als de maaltijd achter de rug was en men met het Symposion begon (een woord dat we kennen van een dialoog van Plato en dat volgens de Van Dale 'drinkgelag met tafelgesprekken en gezellige omgang' betekent) vloeide de wijn onverdund en werden wellicht de peterseliekransjes opgezet.

De Griekse smaak is niet veel veranderd. De favoriete gerechten zijn in de loop der eeuwen hetzelfde gebleven: geroosterd vlees en vis, kruiden, aubergines, tomaten en ook de zoete hapjes, gemaakt van bladerdeeg, gemalen noten en fijngehakte vruchten en honing, zijn nog steeds in de hedendaagse Griekse keuken te vinden.

## *De oude Romeinen*

De bloeitijd van het Romeinse rijk – met zijn bedenkelijke kanten – leverde talloze anekdotes op.

Zo zou keizer Heliogabalus, een voormalige Syrische priester, zijn honger gestild hebben met pasteien gevuld met nachtegaaltongetjes.

En van keizer Vitellius is bekend dat hij hield van een gerecht waarin snoeklever, fazanten- en pauwenhersenen, flamingotongetjes en lampreikuit was verwerkt.

Cleopatra dronk de duurste cocktail aller tijden. Zij loste een parel van zo'n zes miljoen gulden op in een glas citroensap en dronk dit sap om haar Romeinse minnaar Marcus Antonius te imponeren.

Een tijdgenoot van keizer Nero, Petronius Arbiter, beschreef in zijn *Satyricon* het gastmaal van Trimalchio, waar met levende vogels gevulde gebraden varkens werden bin-

nengebracht. Bij het aansnijden van het vlees vlogen de vogels weg.
Bij diezelfde maaltijd verscheen trouwens een gebraden gans, omringd door geheel van varkensvlees gebeeldhouwde vissen en vogels.
En krijgsheer Lucinius Lucullus bood omstreeks 100 v.Chr. in zijn paleis met een dozijn eetzalen zijn gasten kostbare, door Egyptische koks klaargemaakte maaltijden aan. Toen Lucullus eens geen gasten had en de kok dacht het wat rustiger aan te kunnen doen, werd hij op het matje geroepen. Lucullus zei hem te koken 'alsof Lucullus te gast is bij Lucullus'.
De Romeinen lagen bij voorkeur met zijn negenen aan tafel. Er waren drie ligbanken in een U-vorm rond een lage tafel gezet en men pakte met de rechterhand eten van deze tafel, terwijl men op de linkerarm steunde. Vorken waren nog onbekend en messen en lepels werden praktisch niet gebruikt. Men at, met vieze vingers, hapklare brokjes.
De maaltijden die tot nu toe vermeld werden, zijn voor ons nogal verbijsterend. Maar we moeten niet vergeten dat gewone mensen zich dergelijke decadente strapatzen niet konden veroorloven. Een gewoon Romeins ontbijt, de 'jentaculum', bestond bijvoorbeeld uit wat brood, olijven en rozijnen.
De lunch, 'prandium', werd samengesteld uit resten koud vlees, wat brood en een ei. De 'cena' was de belangrijkste en uitgebreidste maaltijd en vond plaats in de avond.
Men zegt dat alle Romeinen leden aan loodvergiftiging, die uiteindelijk de ondergang van hun rijk bewerkstelligde. Water werd n.l. via loden pijpen aangevoerd, er werd gekookt in met lood beklede potten en aan de wijn die men dronk werd een siroop toegevoegd die in met lood beklede potten werd ingekookt. Een kenmerk van loodvergiftiging is gebrek aan eetlust en een metalige smaak in de mond.

Marcus Gavius Apicius, een rijke Romeinse fijnproever en tijdgenoot van Keizer Tiberius, leefde in de eerste eeuw na Christus. Hij gaf buitengewoon veel geld uit aan het experi-

menteren met allerlei gerechten en ingrediënten en noteerde van deze gerechten de recepten. Het oorspronkelijke manuscript *Artis Magiricae Librix* is nooit gevonden. Maar zijn recepten waren zo beroemd dat ze door anderen werden genoteerd en doorgegeven. Een ander en nog steeds beroemd kookboek van Apicius is *Apicii coelii de re coquinaria.* Van dit manuscript bevinden zich kopieën in het Vaticaan. De allereerste, in Venetië gedrukte uitgave van dit kookboek van Apicius, is van 1498.
Volgens Seneca heeft Apicius met gif een eind aan zijn leven gemaakt toen hij merkte dat van zijn fortuin nog 'maar' 10 miljoen gulden over was.
Vooral dankzij Apicius weten we wat de oude Romeinen aten en hoe ze kookten.
Belangrijk was het ingrediënt 'liquamen' ook wel 'garum'. Dat was een zoutige vloeistof die de rijken van Rome kochten bij 'garum'-fabrieken in o.a. Pompeji.
Daar maakte men garum in vaten van 30 liter. Men vulde de vaten met lagen vis, zout en kruiden (dille, koriander, venkel, selderij, bonekruid, scharlei, wijnruit, munt, lavas, polei, tijm, oregano, beteunie en agrimonie) en liet dit mengsel een week in de zon gisten. Daarna werd het 20 dagen lang elke dag doorgeroerd, totdat vis en kruiden volledig waren verpulverd. Het vocht werd gezeefd en was klaar voor de verkoop. Het rook niet lekker (dat gaf Apicius zelf toe), maar het smaakte heel goed in allerlei gerechten.

In landen met een tropisch en sub-tropisch klimaat is het altijd moeilijk om voedsel goed te bewaren.
Vooral in een tijd zonder koelkast was versheid een groot probleem. Vandaar dat men o.a. liquamen gebruikte om een enigszins onaangename geur van het voedsel te verdrijven. Het gebruik van kruiden had hetzelfde doel.
Peper, geïmporteerd uit India, stond hoog op de lijst van de 5 meest luxueuze artikelen die werden ingevoerd. De andere produkten waren Chinese zijde, Afrikaans ivoor, barnsteen uit Duitsland en parfum uit de Arabische landen.

Het was dus ook sjiek om peper te gebruiken.
In de recepten van Apicius komt men geregeld de kombinatie van fruit en peper tegen.
Verse vis was ook een luxe. Wie aan zee woonde had het makkelijker dan de mensen in het binnenland. De rijken daar hielden er eigen visvijvers op na.

Voor wie een keer liquamen wil maken geef ik het recept van Johanna Maria van Winter uit het boek *Van soeter Cokene*. Zij schrijft:

'Er is een snelle bereidingswijze mogelijk, die de Romeinen zelf ook toepasten als ze met goedkopere vis (dan zalm, paling, sardines) werkten. Het resultaat daarvan noemden ze allex, en wij kunnen dit als volgt maken: neem een pond spiering of andere kleine zachte vis en 3/4 pond zout, een bodempje water en een flinke mespunt van zoveel mogelijk kruiden (voor het grootste deel gedroogd bij de drogist te koop). Dit kookt u met graten, koppen, staarten, steeltjes en al, waarbij u zult merken dat het binnen een kwartier al volkomen is verpulverd. U kookt even door totdat het mengsel dik begint te worden en giet dan het vocht door een zeef in een aparte pot. Dit vocht, dat u desgewenst nog enige malen door een papieren filter kunt zeven waarbij het steeds helderder wordt, is het liquamen of garum. De opgegeven hoeveelheden vis en zout leveren ongeveer twee jampotten vol vocht op, waaraan u voor tijden genoeg hebt. Door het zout is het zo geconserveerd dat het jarenlang houdbaar is; en verder is het zo sterk van smaak dat u per keer maar weinig nodig hebt.'

In een aantal landen wordt nog steeds een gegiste vissaus gebruikt die op liquamen lijkt.
In Thailand heet deze saus 'nam pla', in Vietnam 'nuoc mam', op de Philippijnen 'patis' en in Cambodja 'tuk trey'.
In winkels met Indonesische specialiteiten kun je meestal wel een fles Thaise 'nam pla' vinden.

De Romeinen kenden ook nog 'asafoetida', oftewel duivelsdrek, een gomachtige substantie die gemaakt werd van de wortels van een Perzische bremsoort.
In de Middeleeuwse keuken komen we soortgelijke vloeistoffen tegen: 'verjus', een gefermenteerde zurige vloeistof gemaakt van zure vruchten, 'eiselwine' of 'vinega' (van het woord vin aigre), dat werd toegevoegd aan 'zware' gerech-

ten. Ook gebruikte men 'amyndoun' en 'almaynne'. Amyndoun was een gefermenteerde vloeistof gemaakt van tarwe, water en zout en almaynne was een melk, waarin amandelen waren getrokken.
De gerechten die Apicius beschrijft waren bestemd voor gewone Romeinen en niet voor de rijken. Deze gerechten wijken helemaal niet zo af van wat men nu nog in Zuid-Italië eet: vele soorten groenten, op alle mogelijke manieren klaargemaakt, Middellandse zeevis, gevogelte, wild en varkensvlees.
Men gebruikte olie om in te bakken en braden en ook wijn werd bij het koken niet geschuwd. Honing was de natuurlijke zoetstof. Suiker was nog onbekend en werd pas in de middeleeuwen als 'kruid' geïmporteerd.

Een origineel recept van Apicius luidt als volgt:

'Aliter haedinam sive agninam excaldatam. Mittes in caccabum copadia. Cepam, coriandrum minutum succides, teres piper, ligusticum, cuminum, liquamen, oleum, vinum. Coques, exinanies in patina,amulo obligas. Agnina a crudo trituram mortario accipere debet, caprina autem cum coquitur accipit trituram.'

Oftewel:

Ander recept voor gekookt geite- of lamsvlees. Doe de stukken in een pan. Snijd een ui en koriander fijn, stamp peper, lavas, komijn, liquamen, olie en wijn. Kook het, doe het uit de pan op een schotel en bind het met bloem. Men moet het mengsel uit de vijzel op het lamsvlees doen als het nog rauw is, maar op het geitevlees onder het koken.

## Menu

OUD-GRIEKSE LINZENSOEP
*Griekenland, ca. 350 v.Chr.*

POON MET COUSBAREIASAUS
*Egypte, ca. 350 v.Chr.*

BIET-PREI SALADE
*Romeins recept van Marcus Gavius Apicius, ca. 100 na Chr.*

ROMEINSE STOOFPEERTJES
*Marcus Gavius Apicius, ca. 100 na Chr.*

*Binnenzijde van een Griekse schaal, waarop een gast is afgebeeld die moet overgeven.*

## OUDGRIEKSE LINZENSOEP

*200 gram rode linzen (gewassen)*
*2 uien, fijngesnipperd*
*3 teentjes knoflook, fijngesneden*
*1 wortel, in schijfjes gesneden*
*1 bleekselderijstengel, in schijfjes*
*1 laurierblad*
*1 liter water*
*een scheutje azijn (of citroensap)*
*zout*
*peper*
*marjolein*

Doe alle ingrediënten, behalve de azijn (ciroensap), in een pan en laat ze gedurende een uur zachtjes koken. Af en toe roeren, anders plakken de linzen aan de bodem van de pan. Haal het laurierblad eruit. Doe azijn (citroensap) bij de soep. Zout, peper en marjolein naar smaak. Lijkt de soep te dik, voeg dan nog wat water toe. (Eigenlijk smaakt deze soep lekkerder met een extra bouillonblokje er in.)

## POON MET COUSBAREIA-SAUS
### *Egypte*

*1 poon per persoon*
*meel*
*olijf- of zonnebloemolie*
*2 gesneden uien*
*225 gram tomaten, ontveld en in stukken gesneden*
*100 gram hazelnoten grof gehakt*
*50 gram pijnpitten*
*3 eetlepels fijngehakte peterselie*
*zout*
*peper*

Koop per persoon 1 royale poon. Laat de vis schoonmaken, eventueel de kop eraf snijden. Was de vis en droog hem af. Wentel de vis door bloem en bak hem in hete olie gaar. Kontroleer of de vis gaar, dus wit, is bij het dikste gedeelte achter de kop. Haal de vis uit de pan.

Doe de gehakte hazelnoten en de pijnpitten in de olie en laat de noten even bakken, maar niet aanbranden en zwart worden. Haal de noten uit de pan.
Bak nu in de olie de uien en tomaten zacht. Roer dan de gehakte peterselie erdoor en zout en peper naar smaak. Vervolgens de noten. Vlak voor het opdienen de vis in deze saus opwarmen.
Dit recept kan men ook met mul maken. Mul is een zomervis die in de winter niet te krijgen is. Mul en poon lijken op elkaar maar zijn niet hetzelfde. Mul is de 'koning van de poon' en wordt ook wel zeebarbeel genoemd. Mul heeft een stompe kop. Poon een puntige bek. Mul heeft geen losse vinstralen aan de borstvin. De poon wel en het lijken nét pootjes. Mul is doorgaans kleiner dan poon en heeft 2 baarddraden. Je zou kunnen zeggen dat de mul er wat vriendelijker uitziet dan de rode poon.

## BIET- EN PREISALADE *

### *Apicius*

*500 gram jonge ongekookte bieten*
*400 gram prei, in dikke ringen gesneden*
*1 theelepel komijn*
*1 eetlepel koriander of 1 theelepel gedroogde koriander*
*500 ml. zoete witte wijn of droge witte wijn waaraan 2 eetlepels honing zijn toegevoegd*
*zout*
*peper*

Kook de bieten en de prei 30 minuten in de wijn, nadat daar eerst de kruiden doorheen zijn geroerd. Maak op smaak met peper en zout. Dit gerecht kan zowel warm als koud gegeten worden.
Eventueel kan men gekookte bietjes kopen. Kook dan de preiringen in de helft van de hoeveelheid wijn en doe er op het laatste moment de in plakjes gesneden (geschilde) gare bietjes bij.

## ROMEINSE STOOFPEREN *

*Apicius*

*4 grote stevige, niet te rijpe handperen*
*versgemalen peper*
*1 theelepel komijn*
*1 eetlepel honing*
*300 ml. zoete witte wijn, b.v. 'Samos' wijn*
*4 eieren*

Schil de peren en snijd ze doormidden. Verwijder het klokhuis. Stoof de peren, samen met de peper, komijn en honing, in de wijn gedurende 10 minuten op een zacht vuur. De peren moeten heel blijven. Haal de peren uit het sap en leg ze in een vuurvaste schaal. Klop de eieren los en voeg daar het wat afgekoelde perensap aan toe. Giet dit mengsel over de peren in de vuurvaste schaal en zet de schaal ongeveer 20 minuten in een matig-warme oven. Het eimengsel is dan gestold.
Men kan dit perendessert zowel warm als koud eten.

*Egyptische muurschilderingen uit de graven van User-Amon (boven) en Rekhmara (beneden), viziers van farao Toethmosis III*

# EXTRA RECEPTEN

## BATAREKH

Al in de tijd van de farao's was dit een bekend gerecht. Het is hetzelfde als de Griekse taramosalata. Zie voor het recept pagina 174.

## LABANEYA-SOEP

Deze Egyptische soep wordt en werd gemaakt van een plant met grote groene bladeren en bleekselderijachtige stengels, die familie is van onze spinazie. In Nederland kennen we deze groenten als 'snijbiet'. In Frankrijk heet deze plant 'blette'.
De groenteman heeft zelden snijbiet in voorraad maar kan er wel aan komen. Van te voren bestellen dus.
Eventueel kan men snijbiet vervangen door spinazie, verse of grofgesneden diepvries.

*1 liter water*
*200 gram snijbiet*
*1 ui*
*2 eetlepels olie*
*1 prei*
*125 gram rijst*
*1/2 liter yoghurt*
*1 teen knoflook*
*1/2 theelepel geelwortel (kurkuma)*
*zout*
*versgemalen peper*

Was de snijbiet en snijd zowel het blad als de stelen in stukken. Trek de draden, net als bij bleekselderij van de stelen. Snipper een ui fijn en smoor de ui in olie. Doe de snijbiet bij de ui in de soeppan. Laat alles op een zacht vuur stoven. Roer af en toe om. Voeg wat water toe. Doe de in dunne ringen gesneden prei in de pan. Giet de rest van het water bij en strooi hier de rijst in. Roer de kruiden: kurkuma, zout en peper, door de soep en laat alles aan de kook komen. Draai het vuur wat lager en laat de soep net zolang pruttelen tot de rijst gaar is. Klop intussen de fijngehakte knoflook door de yoghurt. Als de soep klaar is het vuur uit doen en deze yoghurt door de soep roeren. De soep mag niet meer koken, anders gaat ze schiften.

## TA'AMIA (BONENKOEKJES)

Ta'amia is van oorsprong een Koptisch gerecht. Het wordt gemaakt van grote gedroogde witte bonen 'fool roomy', die men in speciaalzaken in de buurt van de kikkererwten en linzen aantreft.
Eventueel kan men in plaats van deze grote bonen gedroogde witte bonen gebruiken.

*500 gram gedroogde bonen*
*2 grote uien*
*2 tenen knoflook*
*veel gehakte peterselie*
*2 theelepels gemalen komijn*
*2 theelepels gemalen koriander (of verse blaadjes)*
*1/2 theelepel bakpoeder*
*zout*
*cayennepeper*
*sesamzaad*
*zonnebloemolie*

Week de bonen 24 uur in ruim water. Haal de grote bonen uit de witte schillen. Maal de bonen fijn in een keukenmachine samen met de ui, peterselie, knoflook, komijn, koriander, bakpoeder, cayennepeper en zout. Het moet een zalfachtig mengsel worden. Zet de puree een half uur in de koelkast. Maak er vervolgens kleine ronde koekjes van met een doorsnede van ca. 4 cm. Rol deze koekjes door het sesamzaad.
Zet de koekjes een kwartier in de koelkast om op te stijven. Bak ze daarna enkele minuten aan beide kanten in niet al te hete olie (anders verbrandt het sesamzaad) tot ze goudbruin

zijn. Laat de koekjes op keukenpapier uitlekken en geef er sla, donkerbruinbrood of pitabroodjes bij.
Drink er bier bij.

## EGYPTISCHE WALNOTEN-'BONBONS'

*gepelde walnoten*
*amandelspijs*
*suiker*

Koop gepelde ongezouten walnoten. De helften moeten er ongeschonden en heel uitzien. Koop amandelspijs bij de banketbakker of (diepvriesamandelspijs) supermarkt. Als het niet verkrijgbaar is amandelspijs zelf maken door blanke amandelen heel fijn te malen en daar poedersuiker doorheen te mengen. Dat fijnmalen lukt het best met een keukenmachine, een gehaktmolen of een schoongemaakte koffiemolen. Kleef steeds een bolletje amandelspijs tussen twee walnoothelften. Smelt in een pannetje wat suiker. Doe er wat druppels water bij en laat de suiker, op een niet te hoog vuur, caramelliseren. Laat de caramel even afkoelen en dompel elke walnootbonbon in de caramel. Pas op voor verbrande vingers en het uit elkaar vallen van de bonbon. Het dopen in de caramel lukt het best met behulp van een ijsblokjestang.

## GRIEKSE MEZETHAKIA

Deze kleine hapjes zijn al eeuwen in de mode.
Zet op tafel neer:

een schaaltje olijven
een schaaltje noten, b.v. amandelen, walnoten, pistachenoten
een schaaltje taramasalata
een schaaltje met stukjes fetakaas
een schaaltje melitzanosalata

## TARAMOSALATA

In verschillende winkels en op de markt (b.v. bij de man die ook olijven verkoopt) is rode, zeer gezouten viskuit te koop. Deze viskuit wordt gemengd met in water geweekt witbrood. Gebruik evenveel brood als kuit.
Knijp het brood na het weken uit. Meng viskuit, brood, wat knoflook uit de pers, wat olijfolie en citroensap tot het een smeuige roze pasta is geworden. Zet het koel weg.

## MELITZANOSALATA

*2 niet te grote aubergines*
*1 ui*
*1 eetlepel fijngehakte peterselie*
*1 teentje knoflook*
*olijfolie*
*sap van een halve citroen*
*zout*
*peper*

Snijd de groene uiteinden van de aubergines en leg de aubergines onder de grill. Keer ze een keer om. De paarse huid springt open en wordt bruin-zwart van kleur, het vruchtvlees zacht. Haal de schil van de aubergines. Maal het vruchtvlees fijn. Roer er de peterselie, knoflook, zout en peper door. Doe beetje bij beetje de olijfolie bij dit mengsel tot er een smeuige pasta ontstaat. Roer tot slot citroensap door de pasta en zet deze koel weg.
Eet hier kleine stukjes brood bij die in deze melitzanosalata gedoopt worden.

Mul is een heel geschikte vis om te grillen. Mul heeft een fijne smaak en is heerlijk met alleen maar wat peper, zout, knoflook en citroensap.

Een Oud-Grieks recept voor mul:

GEGRILLDE MUL

*1 mul per persoon*
*royaal (verse) kruiden: tijm, roosmarijn, kervel, peterselie, koriander, marjolein, munt enz.*
*3 eetlepels olijfolie*
*sap van 1 citroen*
*zout en peper*

Roer de kruiden, olie, citroensap, peper en zout door elkaar en besmeer de vissen van binnen en van buiten met dit mengsel. Leg de vissen op aluminiumfolie onder de grill en grill beiden kanten ca. 7 minuten. Bedruip de vissen af en toe met het sap. Eet er vers, warm brood bij en groene sla.

*Aardewerken krater. Van het eiland van Pithekousae (Ischia). Laatgeometrische periode (735-710 v.Chr.). Ischia, Museo Archeologico.*

## GRIEKSE VIS IN HETE AS

Een recept van Archestratus, die er bij vermeldt dat dit een recept 'zonder onzin en zonder kaas' is.

'Leg de vis voorzichtig in vijgebladeren en bind deze er omheen. Duw de vis voorzichtig onder de hete as en denk aan de tijd, zodat de vis niet verbrandt.'

Vijgebomen komen in Nederland niet voor.
Maar hier en daar hebben mensen wel eens een druivestruik in de tuin. De bladeren van die druivestruik zijn voor dit recept ook bruikbaar. Gebruik de grootste, stevigste bladeren om de vis in te verpakken.
Wikkel enkele verse makrelen in druivebladeren en leg deze pakjes in de as van een houtskoolvuur. Laat de vissen gaar smoren en besprenkel ze na het uitpakken royaal met citroensap. Eventueel kunnen de buiken van de makrelen nog voordat ze de as in gaan, gevuld worden met takjes roosmarijn of tijm.

## TONIJN MET ROOSMARIJN

*4 plakken verse tonijn van 200 gram per stuk*

Bestrooi de tonijnplakken met roosmarijn en smeer ze in met fijngehakte knoflook. Bak de tonijn net als karbonades gaar in de olijfolie. Strooi er zout en peper op en flink wat citroensap.
In de Griekse keuken wordt zowel vis als vlees met citroensap besprenkeld.

## GESMOORDE GRIEKSE SLA

Athenaeus schreef over het eten van sla:

'Als een man van nog geen zestig jaren sla eet wanneer hij met een vrouw geslachtelijk omgang wil hebben, dan zou het kunnen dat hij de hele nacht ligt te draaien en te woelen zonder dat hij zijn verlangen kan vervullen.'

*4 eetlepels olijfolie*
*2 fijngesnipperde uien*
*2 tenen knoflook, fijngehakt*
*2 kroppen stevige sla, gewassen, gedroogd en in stukken gesneden*
*1 eetlepel salie*
*120 ml. witte wijn*
*zout*
*peper*

Giet de olie in een pan en bak hierin de ui en knoflook. Doe de sla, de salie en de witte wijn in de pan. Roer alles even om en laat het 5 minuten op een zacht vuur stoven. Schep alles af en toe om. Doe zout en versgemalen peper over de sla. Deze gestoofde sla is een geschikte groente bij visgerechten.

*Afbeelding op bronzen gesp-haak. Thebe ca.700 v.Chr.*
*Links een paard en vogel. Rechts een schip, vogels en vis.*

## VIJGEN MET AMANDELEN

Recept voor verse Griekse (of Turkse) vijgen:
Was de vijgen. Trek vanaf het steeltje de schil naar beneden, tot halverwege de vijg, zodat de vijg een beetje op een bloem lijkt. Snijd de vijg aan de bovenkant kruislings in en druk in het hart van de vijg enkele, even geroosterde, blanke amandelen.

Recept voor gedroogde vijgen:
Laat de vijgen in water weken tot ze wat zachter zijn, maar niet al te slap zijn geworden. Snijd de gedroogde vijgen doormidden. Druk op de binnenkant van een helft wat amandelschaafsel en druk er de andere helft tegen aan.
Reken op 1 à 2 vijgen per persoon.

## ROMEINSE VIS

J.A. Brillat-Savarin schrijft in zijn *La physiologie du goût* dat de Grieken en Romeinen zo fijn van smaak waren dat zij konden proeven in welk water de vis die op tafel verscheen gezwommen had.
De Romeinen hielden hun vissen in bakken water in leven tot het moment van koken daar was. Een zekere Vadius Pollo vermoordde zijn slaven en voerde hun lichamen aan zijn palingen. Het volgende recept is van Apicius, die het *Vis gekookt in eigen sap* noemde.

'Aliter (ius) in pisce elixo: piscem curabis diligenter, mittes in mortarium salem, coriandri semen, conteres bene, volves eum, adicies in patinam, cooperies, gypsabis, coques in furno. Cum coctus fuerit, tolles, aceto acerrimo asperges et inferes.'

De soort vis wordt in dit recept niet genoemd. Je zou dit recept kunnen maken met makreel, forel, wijting etc.

*1 schoongemaakte vis per persoon*
*korianderzaad*
*zeezout*
*aceto balsamico (Italiaanse azijn)*

Stamp in een vijzel (of met de hulp van een keukenmachine) zeezout en korianderzaad fijn. Wentel de vissen door dit mengsel. Leg de vissen in een met olijfolie ingesmeerde vuurvaste schaal. Dek de schaal af met aluminiumfolie of een deksel. Besprenkel de vissen als ze gaar zijn (ca. een half uur in een oven van ca. 200° C) met de azijn.

## ROMEINSE ERWTEN

*200 gram gedroogde groene erwten*
*1 eetlepel honing*
*1 eetlepel olie*
*1 eetlepel rode wijn*
*1 eetlepel liquamen (zie pag. 163)*
*1 dessertlepel azijn*
*peper*
*gemberpoeder*
*3 blaadjes van de maggiplant*

Week de erwten een nacht in water. Giet het water weg en kook de erwten in schoon water gaar.
Maak er een puree van met behulp van een keukenmachine of een zeef.
Doe wijn (liquamen) en azijn in een pan en roer er versgemalen peper, gemberpoeder en de maggiblaadjes door. Giet er olie bij en breng dit vocht aan de kook.
Zet het vuur laag en roer er de erwtenpuree door. Roer er tenslotte één eetlepel honing door en laat het nog even zachtjes sudderen.

## ROMEINSE SLASAUS VOOR KOMKOMMER

*1 komkommer in plakjes gesneden*
*3 peperkorrels*
*1 eetlepel honing*
*(3 eetelepels liquamen)*
*1 eetlepel wijnazijn*
*1/2 eetlepel polei of munt, fijngehakt*

Doe de peperkorrels en de polei (munt) in een vijzel en stamp dit fijn. Doe er honing (liquamen) en azijn bij en meng alles goed door elkaar. Schep deze saus door de komkommerplakjes.
In plaats van liquamen kan men enkele ansjovisfilets door de saus mengen.

## ROMEINSE GEVULDE DADELS

*1 pakje geconfijte dadels*
*50 gram pijnpitten (pignoli)*
*ca. 2 eetlepels honing*
*zeezout*

Haal de pitten uit de dadels. Rooster de pijnpitten heel even in een koekepan voorzien van enkele druppels olie. Schud de pijnpitten tijdens het roosteren goed om. Ze moeten lichtbruin zijn. Hak ze fijn en roer er dunne honing door. Vul hier de dadels mee.

*Deel van een mozaïekvloer van een Romeins bad. Midden 2e eeuw n.Chr.*

## KOELE VERSE PERZIKEN (of ander fruit)

Zet een kan met water enige uren in de koelkast. Was de perziken (of pruimen, nectarines, druiven enz.). Leg het fruit in een grote glazen bak en giet hier het ijskoude water over uit.

Het fruit smaakt op een warme dag op die manier heerlijk koel en de vingers worden bij het pakken van nóg een vrucht vanzelf schoongespoeld.

Leg eventueel in het water in de schaal wat munt- of bloemblaadjes.

# Bibliografie


*Alice B. Toklas Cookbook, The*. Anchor Books, 1960 (Nederlandse vertaling: *Het kookboek van Alice B. Toklas*. Uitg. Sara, 1985)

Amalrik, Guzel, *Herinneringen aan mijn kinderjaren*. Van Oorschot, 1977

Amicis, Edmondo de, *Nederland en zijn bewonderaars*. Veen, 1987

Apicius, *The Roman Cookery Book*. Harrap, 1958

Association des amis de Curnonsky, *Curnonsky et ses amis*. Edgar Soete, 1979

Austen, Jane, *Emma*

Ball, Adrian, *Food of love*. Pitman, 1971

Barber, Richard, *Cooking and Pecipes from Rome to the Renaissance*. Allan Lane, 1973

Barry, Stephen P., *Royal Service*. Avon, 1983

Bastet, Frédéric, *Louis Couperus, een biografie*. Querido, 1987

Berriedale/Johnson/Michelle, *The Britsh Museum Cookbook*. British Museum publication, 1987

Bocuse, Paul, *De nieuwe Franse keuken*. Luitingh, z.j.

Brillat-Savarin, Jean Anthelme, *The Philosopher in the Kitchen*. Penguin, 1970

Brown, Craig & Leslie Cunliffe, *The Book of Royal Lists*. Summit Books, 1982

Buck, Pearl, *Oriental Cookbook*. Simon & Schuster, 1972

Chamberlain, Leslie, *The Food and Cooking of Russia*. Penguin, 1983

Cohen-Solal, Annie, *Jean-Paul Sartre - zijn biografie*. Van Gennep, 1987

Conte, Anna del, *Alles over pasta*. Bert Bakker, 1977

Couperus, Louis, *De boeken der kleine zielen*. Veen 1988

Couperus, Louis, *Op reis*. Veen 1981

Dali, Salvador, *Mijn leven als genie* Arbeiderspers, 1968

David, Elisabeth, *Italian Food*. Penguin, 1966

David, Elisabeth, *French Provincial Cooking*. Penguin, z.j.

Digby, Joan & John, *Food for Thought*. Morrow and Co., 1987
Dumas, *De kookkunst van Alexandre*. De Bijenkorf, 1987
Elgklon, Lars, *Koninklijke minnaars en minnaressen*. Standaard, 1985
Ellman, Richard, *Oscar Wilde*. Hamish Hamilton, 1987
Escoffier, A., *Ma cuisine, Escoffier voor iedereen*. Hes, 1988
Eijkern, W.H.H. van, *A la Brillat-Savarin*. Van Dishoeck, 1963
Fitzgibbon, Theodora, *A taste of Paris*. Pan Books, 1973
Forbes, Leslie, *A table in Tuscany*. Webb & Bower, 1985
Forbes, W.A., *De antieke keuken*. Van Dishoeck, 1965
Grabhorn, Robert, *Commonplace Book of Cookery*. North Point Press, 1985
Goncourt, Edmond en Jules, *Dagboek*. Arbeiderspers, 1986
Gontsjarov, I.A., *Oblomov*. Van Oorschot, 1966
Gontsjarov, I.A., *Reis om de wereld*. Arbeiderspers, 1987
Grigson, Jane, *Food for the Famous*. Penguin, z.j.
Hellman, Renee, *Celebrity Cooking*. Hamlyn, 1967
Hermans, W.F., *Boze brieven van Bijkaart*. Bezige Bij, 1977
Hermans, W.F., *Nooit meer slapen*. Bezige Bij, 1966
Hickmann, Peggy, *A Jane Austen Householdbook*, 1978
Hodgett, G.A.J., *Stere it well*. Mary Martin Books, z.j.
Ketcham Wheaton, Barbara, *De smaak van het verleden*. Bert Bakker, 1988
Kooten, Kees van, *Modernismen*, Bezige Bij, 1984
Laden, Alice, *The George Bernard Shaw Vegetarian Cookbook*. Angus and Robertson, 1972
Lagattolla, Franco, *The Recipes that Made a Million*. Orbis, 1978
Lucas, E.V., *A wanderer in Holland*. Methuen & Co., 1905
Mechanicus, Ph., *Wat eet je het liefst*. Querido, 1977
*Men neme... de geschiedenis van de kookkunst*. Readers Digest, z.j.
Mennell, Stephen, *All Manners of Food*. Basil Blackwell, 1985
Moore, Henry e.a., *Koken met kunstenaars*. De Lantaarn, 1987

Müller, John & Berthe Meijer, *Het literair eetboek*. De Bijenkorf, 1985
Mutsaers, Charlotte, *De markiezin*, Meulenhoff, 1988
Nabokov, W. *Speak Memory - Geheugen spreek*. Bezige Bij/Meulenhoff, 1968
O'Hanlon, Redmond, *Tussen Orinoco en Amazone*. Arbeiderspers, 1988
Pelner Cosman, Madeleine, *Fabulous Feasts*. George Braziller, 1976
*Pochin School Cookbook, the*. Hamlyn, 1986
Pomiane, Edouard de, *Koken in 10 minuten*. Becht, 1981
Potluck, *A Celebrity Cookbook*. Pelham, 1987
Pougy, Liane de, *Mes cahiers bleu*. Librairie Plon, 1977
Proust, M., *Combray*. De Bezige Bij, 1977
*Recepten huishoudschool, Laan van Meerdervoort, 's-Gravenhage*. De Gebroeders van Cleef, 1942
Reve, Gerard van het, *De avonden*. Bezige Bij, 1947
Reve, Gerard van het, *Op weg naar het einde*. Van Oorschot, 1963
Reve, Karel van het, *Geschiedenis van de Russische literatuur*. Van Oorschot, 1985
Roth, Philip, *Portnoy's complaint*. Meulenhoff, 1969
Sand, Christiane, *A la table de George Sand*. Flammarion, 1987
Sartre, Jean-Paul, *Brieven aan Castor 1926-1939*. Arbeiderspers, 1986
*Savoy Cocktailbook*. Spring Books, 1987
Scott, David, *A Taste of Fame*. Futura, 1986
Schmidt, Annie M.G., *Jip en Janneke*. Arbeiderspers, 1977
Tannahill, Reay, *Food in History*. Penguin, 1988
Terrail, Claude, *La tour d'Argent*. J.C. Lattès, 1982
Veer, Annie van 't, *Oud-Hollands kookboek*. Het Spectrum, 1966
Vliet, H.T.M. van, *Louis Couperus en L.J. Veen*. Veen, 1987
Wallechinsky, David e.a., *The Book of Lists*. William Morrow, 1977
Wolkers, Jan, *Gifsla*. Bezige Bij, 1983
Winter, Johanna Maria v., *Van soeter cokene*. Unieboek, 1976

*Wereldberoemd in België: het eerste Nederlandse kookprogramma op de televisie van Berend Boudewijn, met hier als gast Peter Sellers*

# Register

De met een * aangemerkte gerechten zijn originele recepten van de onderstaande personen.